Cómo ser
padres BUENOS
en un mundo
malo

DR. DAVID HORMACHEA

Cómo ser padres BUENOS en un mundo malo

GRUPO NELSON
Una división de Thomas Nelson Publishers
Desde 1798

NASHVILLE   DALLAS   MÉXICO DF.   RÍO DE JANEIRO   BEIJING

Tipografía: *Grupo Nivel Uno, Inc.*

ISBN-10: 1-60255-002-6
ISBN-13: 978-1-60255-002-5

Impreso en Estados Unidos de América

3ª Impresión

Índice

Dedicatoria

Mi padre fue un hombre bueno en medio de las personas malas que son parte de este mundo y también de algunas organizaciones. Fue un joven predicador que tuvo pasión por Dios, fue un amoroso pastor, amante de la gente, de su esposa y de sus once hijos. Cuando miro su vida y la mía, creo que él podría decir que en mí se está repitiendo gran parte de su historia. Nuestras vidas han sido muy similares y se sigue dando este mismo proceso.

En pocas ocasiones encontramos a personas cuyas vidas tienen algunas similitudes con las nuestras. En algunos casos, pareciera que nuestra historia se repitiera; y debido a que la historia de uno es impactante, y ha permitido convertirnos en una persona feliz, uno anhela de todo corazón que esa historia se vuelva a repetir.

Algunos de ustedes ya conocen que soy un hijo de pastor que nació en la vida de la iglesia y ha permanecido en ella toda su vida. Muchos de ustedes conocen mi pasión por Dios, por la vida de la congregación y por el estudio de la Palabra de Dios.

También les puedo decir con dolor que he cometido fallas y pecados en mi vida; pero ellos no han impedido mi continuo crecimiento en la vida cristiana y en mi liderazgo. Les puedo decir con gran orgullo que por la gracia de Dios he sido maestro de niños, un buen estudiante, respetuoso de mis padres, predicador desde los quince años y una ayuda para el ministerio de mi padre, el Pastor Lino Hormachea Rojas, durante los veintiún años que tuve el privilegio de vivir a su lado.

He sido un predicador del evangelio en los pueblos y ciudades de mi país. He predicado a pie por las calles de mi ciudad, y realizado giras de evangelización como un ciclista de la iglesia; y tengo la alegría de observar la vida de otros miembros de mi familia en que esta hermosa historia de amor por Dios y dedicación se está repitiendo. A esos dos miembros de mi familia dedico este libro.

Cómo ser padres buenos en un mundo malo lo he dedicado a mi hermano Raúl, un padre que eligió ser bueno, y a mi sobrino, su hijo Diego Andrés, quien ha elegido vivir como un hijo bueno. Mi hermano y su hijo no son perfectos, pero han elegido vivir una buena vida en un mundo malo.

Mi hermano Raúl no sólo es el padre de Diego, sino también su pastor. Raúl también ha sido maestro de niños, director de jóvenes, predicador a pie y en bicicleta, y hoy es un joven pastor que tiene pasión por Dios, amor por su esposa y por su hija e hijo.

Dieguito, mi sobrino, a sus quince años, no sólo es un buen hijo que ha rechazado las cosas malas de este mundo malo. Él no sólo ha rechazado las relaciones sexuales prematrimoniales, las drogas y toda dependencia, sino que por los consejos de su padre, y los valores bíblicos aprendidos, ha decidido vivir una vida de excelencia. Dieguito aprendió de su padre, y ha decidido ser un buen predicador; y tal como yo, tal como su padre, no sólo ha predicado a pie y en bicicleta en lugares diferentes, sino que también vive honrando a Dios, siendo un buen mayordomo de su vida y honrando a sus padres, pues es un alumno sobresaliente.

En el año 2007, Dieguito obtuvo el más alto promedio de calificaciones escolares que se puede obtener en Chile. Su nota promedio fue un excelente siete; y además, fue elegido el mejor compañero del segundo año medio del Colegio Rubén Castro en la ciudad de Viña del Mar. Por ser un padre bueno y por ser un hijo bueno en un mundo malo, dedico este libro al bebe de nuestro familia, mi hermanito menor, el pastor Raúl Hormachea, y a mi sobrinito Dieguito, quien por su pasión por Dios y compasión por la familia, no sólo va camino a ser un excelente líder cristiano, sino también, un padre bueno en un mundo malo.

Agradecimientos

Un sincero agradecimiento a Ricardo y Elenita Broach quienes nacieron en Estados Unidos, pero se convirtieron en ecuatorianos de corazón. Ellos dedicaron su vida a servir como misioneros en Radio HCJB, la voz de los Andes. Ricardo partió de este mundo dejando un ejemplo digno de ser imitado y Elenita sigue sirviendo con amor a pesar de que podría estar disfrutando un merecido retiro.

En el año 1974 llegamos jovencitos a Ecuador y cuando necesitábamos padres buenos que nos amaran, Ricardo y Elenita nos aceptaron como hijos a mi esposa Nancy y a mí. Fue hermoso y constructivo tener no sólo su cariño, sino también, su amor y comprensión.

Gracias Ricardo, seguramente ya conociste a mi padre pues están juntos allá donde algún día cuando dejemos de ministrar y amar a las personas en este mundo, nosotros también estaremos.

En los momentos de conflictos con mis hijos y cuando no comprendía que Dios no nos ordena tener hijos buenos, sino ser padres buenos a pesar de las malas elecciones de nuestros hijos, ustedes estuvieron junto a nosotros. Gracias Elenita porque cuando otros nos condenaron por los errores y pecados de mis hijos, ustedes nos amaron y nos apoyaron. Gracias por tantos momentos de amistad y alegría, por compartir juntos nuestro ministerio y porque juntos formamos un gran equipo que por muchos años bendijo a muchos ecuatorianos. Cuando dejamos a nuestros padres en Chile, ustedes se convirtieron en padres buenos que nos ayudaron a ser personas buenas. Los amamos.

Introducción

No hay forma de asegurarle que aunque enseñe a sus hijos todos los principios bíblicos y los más altos valores morales, ellos van a decidirse a vivir en forma correcta. Lo que sí se le puede garantizar que si hace lo correcto y es un padre bueno y sus hijos eligen lo malo, usted tendrá la paz de haber hecho lo correcto.

Cada libro que escribo me presenta un serio desafío. Quiero ser honesto, profundamente bíblico, sencillo y práctico. Éste que usted tiene en sus manos no es la excepción. En él compartiré algunos principios esenciales basados en los valores cristianos que profeso. Debo decirle que estos principios funcionan. Seguro y comprobado. He escuchado muchos testimonios que indican que han servido y otra gran prueba de su efectividad es que la constante lucha por aplicar estas verdades a mi vida me ha convertido en un hombre feliz. Mi experiencia confirma que estos principios, al ser aplicados sabiamente, permitirán al padre y a sus hijos no solamente tener una conversación verdadera, sino también les otorgará el potencial de aprender a vivir una vida de amor y respeto basada en una alta moralidad.

Nunca leí un libro sobre los principios a los que me refiero aquí. Y en cuanto a mis padres, ellos hicieron un gran trabajo al modelar algunos hermosos valores, pero no tuvieron ni la información necesaria ni la costumbre de transmitir reglas prácticas para enfrentar los desafíos de la adolescencia y juventud. Sin embargo, aunque no me enseñaron todo lo que necesitaba, sí me motivaron a vivir una vida de integridad, responsabilidad y profundo amor por Dios y los principios de alta moralidad. Eso me ha motivado a prepararme para aprender lo que no sabía y continúo luchando diariamente para hacer una correcta aplicación de los principios que he aprendido. Hubiera querido aprenderlos antes de que mis hijos llegaran a la juventud y a la adultez, pero nunca es tarde para aprender; sobre todo, cuando tengo el inmenso privilegio de dirigirme a millones de personas a través de más de mil estaciones de radio diariamente; y a miles de personas más, a través de los materiales que produzco.

Este es un libro que permitirá a sus hijos y a usted como padre investigar su vida y compararla con determinados principios o leyes cuyo fundamento es el sistema de pensamiento del Dios que nos creó y que ha sido revelado en la Biblia. Al conocer estas verdades, que confrontarán tanto al padre como al hijo, usted podrá tener una serie de conversaciones no basadas en emociones sino en buenas convicciones, no con el propósito de condenarse sino con el fin de amarse mutuamente. Además, tendrá los elementos que se requieren para construir una relación cercana e íntima. Padre e hijo tendrán la oportunidad de discutir racionalmente y aprender nuevas verdades que si son aplicadas por ambos y si ambos adquieren el compromiso de comunicarse con respeto y confrontarse con sabiduría, les permitirá mantener un diálogo maravilloso que puede motivarles a avanzar hacia la madurez y desarrollar sabiamente una de las relaciones interpersonales más importantes del mundo: la relación entre padre e hijo y entre hijo y padre.

Aquí usted no encontrará largas tareas sino información que le motivará a tener una buena comunicación.

Para que este libro cumpla el propósito que me he planteado al escribirlo, primero deben estudiarse y atesorarse estos principios. Deben llegar a ser parte de la vida de padre e hijo si desean una relación de amor y comprensión.

Segundo, deben evaluar constantemente sus vidas pues todo principio, como toda ley, es susceptible de ser quebrantado. Y esto se hará aunque se sepa de las consecuencias lógicas a que nos exponemos si no nos sujetamos a los principios divinos. Recuerde que los principios de vida no pueden anularse, tal como no pueden anularse las leyes creadas por Dios para la vida. Por ejemplo, usted no puede anular la ley de gravedad. En ella existe un principio muy importante que trae consecuencias cada vez que intentamos quebrantarlo. La ley de la gravedad indica que todo objeto al caer irá en dirección al centro de la tierra;

por lo tanto, mientras más alto esté y más peso tenga, se alcanzará una mayor velocidad y el impacto será más fuerte.

Nadie puede anular esta ley. Nos guste o no, la ley existe y son sabios los que evitan intentar violarla. La ley del equilibrio le indica que para mantenerse parado en una cuerda floja debe tener el mismo peso en ambos lados del cuerpo. Usted no romperá la ley del equilibrio poniendo más peso en un lado, pero sí podría romperse los huesos al caer. Estas enseñanzas son prácticas y están basadas en principios que padre e hijo deben leer, estudiar, investigar, cuestionar, analizar y, luego, comenzar a aplicarlas gradualmente. El resultado será un cambio de vida y de la forma en que desarrollan sus relaciones familiares.

Si usted ha leído mis libros sabe que éste no será un libro técnico. No voy a entregarle una lista de estadísticas, ni utilizaré palabras rebuscadas, ni entregaré conceptos que pueden entender sólo las mentes muy educadas. Si usted me conoce, sabe que intento ser lo más práctico y bíblico posible, y que los principios que expongo se desprenden de la revelación divina, que es la Palabra de Dios, que es mi única regla de fe y de conducta, y que haré mi mejor esfuerzo para enseñarle cómo aplicarlos de modo que lleguen a ser parte de su sistema de pensamiento.

En cada capítulo tendrá la oportunidad de examinar dichos principios y podrán conversar acerca de lo que significan, porque deben aplicarlos y conversar sobre las diferencias que tienen. Después de eso, creo que es importante que hagan un compromiso. Este compromiso debe incluir lo siguiente:

Primero, que es imprescindible que como padres e hijos tengan un diálogo a medida que vayan avanzando en la lectura de este libro. Note que hablo de diálogo y no de monólogo. Estos diálogos no deben ser simples conversaciones sino que deben motivarles a tomar determinaciones, por lo tanto, deben dialogar con seriedad.

El segundo compromiso debe ser no intentar dialogar fuera de los márgenes y principios que le entrega este libro, hasta que aprendan, con el correr del tiempo, a dialogar más profundamente. Este libro puede motivarle a investigar otras áreas que no he cubierto en estas enseñanzas y creo que sólo deben hacerlo si han aprendido o si acostumbran a dialogar con respeto.

Tercero, leer el libro no debe ser una obligación tiránica, pero sí un requerimiento que deben realizar los padres. Hay cosas en la vida que no son opcionales. Su hijo no debe tener la libertad de elegir si va o no a la escuela o si respeta o no a sus padres. Creo que este programa de conversaciones para prepararnos como padres y preparar a nuestros hijos para los desafíos de la adolescencia y juventud debe ser una actividad requerida y bien planificada.

Cuarto, determinen participar con una buena actitud. Los padres cansados y sobre involucrados tendrán problema para separar tiempo, actuar con paciencia y ser disciplinados para tener regularidad. Por lo general, los hijos no estarán interesados y mantener un diálogo les puede parecer tedioso y una pérdida de tiempo, pero esta es una responsabilidad que al ser evitada, sus vidas y relaciones se verán perjudicadas. Este debe ser un tiempo de entrenamiento y momentos para compartir. Debe existir un diálogo franco, honesto y respetuoso.

Quinto, separen un tiempo para reunirse semanalmente, como mínimo por una hora. Si pueden, avancen un capítulo y luego dialoguen por media hora. Vayan escribiendo ciertos detalles que les guiarán a tomar las determinaciones finales.

Sexto, mantengan en mente el compromiso de llegar a una serie de acuerdos al final de la lectura de este libro. Los acuerdos, las leyes, las consecuencias por romper los principios y reglamentos son esenciales. No es sabio sino que es destructivo tratar de pasar las etapas de la adolescencia y de la juventud sin acuerdos entre padres e hijos. Recuerde que generalmente no peleamos por los acuerdos, sino por no habernos puesto de acuerdo. Que no tenemos derecho a disciplinar cuando se quebrantan leyes que no hemos establecido y, por lo tanto, comunicado con claridad. Un dicho reza «guerra avisada, no mata gente». Por ello, le motivo a llegar a acuerdos y tomar la determinación que padres e hijos se van a mantener vigilantes en la aplicación de los principios. Deben acordar que ambas partes tendrán el derecho de hacer notar con respeto y firmeza cuando alguien haya transgredido los acuerdos. Con estos compromisos en mente, los invito a compartir de corazón lo que he escrito con todo mi corazón.

Reglas necesarias para una crianza apropiada

Los padres y los hijos deben vivir en una relación de amor y respeto y sometidos a excelentes reglas de convivencia, para así prepararse para vivir una vida de excelencia en vez de una vida tendiente a la delincuencia.

Este primer capítulo lo dedicaré a dar algunas sugerencias para los padres e hijos que quieren destruir sus vidas. Es que así como hay recetas para tener éxito, también existen excelentes recetas para el fracaso. Así como existen reglas para vivir en un mundo de respeto y verdad, también hay reglas para quienes deciden vivir en un mundo de irrespeto y maldad. Espero que los padres e hijos que lean este libro tomen todas las medidas necesarias para evitar tener una familia disfuncional.

Leyes de convivencia para relaciones difíciles

Así como en todos los países existen leyes para el tránsito de vehículos, así también en toda familia deben existir reglas de convivencia. Ordenar el tránsito a pesar de la gran cantidad de automóviles, bicicletas, motos y peatones que circulan en las ciudades no es una tarea fácil, pero hay que hacerlo. No nos gustan las leyes, ni nos agrada el control y mucho menos que nos sancionen, pero las leyes, las autoridades y las sanciones son esenciales para poder convivir pacífica y responsablemente. El tránsito adecuado sería imposible sin leyes que lo regulen. En ellas aparece la descripción de las autoridades que deben ejercer su control y autoridad, las reglas que deben ser respetadas, así como las sanciones cuando son violadas. Es posible convivir respetuosa y saludablemente cuando las reglas existentes se aplican y se respetan. Cuando la gente decide ignorar las reglas, cuando las autoridades son sobornables y no viven con integridad, cuando no se aplican las sanciones correspondientes, no se puede vivir armoniosa y reposadamente. Lo mismo ocurre en la vida de las familias. Mientras viajamos por la carretera de la vida en contacto con gente distinta, con diferentes valores, con gustos y planes distintos, es imprescindible que existan leyes que gobiernen nuestra convivencia. Lo que es verdad en la convivencia de los ciudadanos, también es verdad en la convivencia familiar. Las familias saludables no resultan de la nada. Las personas destructivas, tampoco. Los padres debemos entender que con nuestras actitudes, acciones y palabras tenemos todas las posibilidades para preparar a nuestros hijos para que elijan vivir una vida decente o una vida como delincuentes.

Los hijos deben entender que es su responsabilidad seguir las reglas y el ejemplo de padres sabios y piadosos; que no tienen excusas para vivir una vida de rebelión o errónea sólo porque sus padres eligieron vivir irresponsablemente.

Todos los padres podemos tener una influencia positiva o negativa en los hijos que Dios nos ha dado, todo depende de cuan sabios hemos sido y de la forma como nos hemos relacionado. Los padres podemos actuar tan sabiamente como para criar hijos que disfruten una vida excelente o que elijan convertirse en delincuentes.

Estoy convencido de que en la enseñanza de nuestros hijos o en cualquiera de las relaciones familiares no existen términos medios. O les enseñamos bien, o les enseñamos mal. También creo que todos tenemos una filosofía con respecto a la crianza de nuestros hijos. Mark Twain tenía una filosofía muy particular y divertida en cuanto a cómo criar a los hijos. Él decía que las cosas eran bastante sencillas hasta que los hijos cumplen los trece años y que cuando llegan a esa edad, uno debe meterlos en un barril, ponerle una buena tapa y alimentarlos a través de un pequeño agujero. Y que cuando cumplan los dieciséis años, los padres debemos poner el tapón en el agujero. Su divertido consejo sólo refleja lo difícil que es criar hijos que vivan vidas responsables.

Tal vez esto explique por qué una columnista de un periódico se sorprendió ante las respuestas cuando preguntó a sus lectores si al saber lo que sabían ahora, estarían dispuestos a volver a tener hijos. De más de diez mil mujeres que respondieron, el setenta por ciento dijo que no. Una fue lo suficientemente directa como para escribirle: «¿Volver a tener hijos? Una y mil veces ¡NO! Mis hijos han destruido completamente mi vida, mi matrimonio y mi identidad como persona. No son ninguna alegría. Las oraciones no sirven para nada. Nada hace que se calle un muchacho que chilla».

Otra mujer escribió: «He vivido por setenta años y hablo con la experiencia de una madre de cinco hijos. ¿Valió la pena? No. Los primeros años fueron difíciles. Enfermedades. Rebelión. Falta de motivación (en nuestros días, a eso le llamamos desidia y holgazanería). Uno sufría de serios trastornos mentales y tuvo que ir de hospital en hospital. Otro se fue por la ruta de la homosexualidad. Dos viven en tugurios, y jamás oímos de ellos. El otro se ha desquiciado por completo con la ayuda de un falso líder religioso que debería estar en la cárcel. Ninguno de nuestros hijos nos ha dado la menor alegría. Dios sabe que hicimos lo mejor que pudimos, pero fracasamos como padres y los hijos son un fracaso como personas».

Sin duda estas son respuestas extremas, pero la verdad es que rebelan que existen familias que son destruidas por las actitudes erróneas de los padres o de los hijos. Lo más terrible es cuando existe esa combinación fatal de padres e hijos que actúan destructivamente.

Alguien dijo que cuando nuestros hijos son pequeños pensamos y decimos que tenemos ganas de comérnoslos, pero cuando son adolescentes pensamos, pero no decimos, que hubiera sido mejor habérnoslos comido. Es una declaración jocosa pero que tiene mucho de real cuando nuestros hijos eligen vivir en un estado de rebelión permanente.

Los hijos deben entender cuán difícil es la labor de los padres y cuán triste es la vida de los padres que deben sufrir con las actitudes erróneas y destructivas, así como con la rebelión de sus hijos. Amar a los hijos y recibir falta de respeto, tratar de darles buenos valores y recibir desprecio, tratar de enseñarles buenas costumbres y orden y batallar diariamente con el desorden y el rechazo a someterse a reglas apropiadas, es una experiencia difícil y decepcionante.

Es cierto que existen momentos maravillosos y que disfrutamos de experiencias que nos motivan a pensar que no se deben acabar, pero también existen muchos momentos difíciles durante la adolescencia y juventud en medio de las cuales anhelamos que se marchen. Sin embargo, muchos padres hacemos todo lo posible por criar a nuestros hijos con el mayor cariño y respeto y lo único que deseamos es verlos disfrutando de buena salud, con un buen equilibrio en su mundo emocional, amando a Dios, a sus familias y proyectándose en la sociedad como profesionales respetables. Todos se beneficiarán si criamos a nuestros hijos de la forma que Dios diseñó. Dios no nos abandona cuando nacen nuestros hijos para luego sólo volver a visitarnos cuando ya se han marchado del hogar. Recuerde que Dios está con nosotros durante todo el recorrido y que desea que padres e hijos lo disfrutemos. Él desea que la relación familiar sea una experiencia de amor y cariño y nos entrega reglas sabias para poder lograrlo. Es nuestra responsabilidad, tanto de los padres como de los hijos, descubrir el propósito de Dios para nuestra vida, las reglas que Él ha establecido para nuestro desarrollo personal y el sistema que determinó para que podamos disfrutar de relaciones amorosas.

Es imposible convivir respetuosa y saludablemente sin un sistema de leyes que todos debemos cumplir. Cuando existen reglas que se establecen pero no se respetan ignorándolas, cuando las autoridades son sobornables y no viven con integridad, cuando no se aplican las sanciones correspondientes, no se puede vivir armoniosa y reposadamente. Sólo pueden vivir armoniosamente los padres y los hijos que establecen leyes y las respetan regularmente.

Hace algunos años leí un artículo publicado por la Comisión del Crimen del estado de Minnesota que entregaba algunas reglas sobre cómo destruir a su hijo. Hacía referencia a la condición que han tenido que vivir muchos padres. A continuación copio un fragmento de ese artículo:

«Todos los bebés empiezan la vida como salvajes en miniatura. Son completamente egoístas y egocéntricos. Quieren lo que quieren y cuando lo quieren: el biberón, la atención de su madre, su juguete favorito, el reloj de su tío. Niéguenle alguna de estas cosas, y montarán en cólera y se pondrán agresivos lo cual podría convertirlos en asesinos si no fueran tan incapaces de valerse por ellos mismos. Se ensucian, no tienen moral, ni conocimiento, ni habilidad alguna. Esto quiere decir que todos los niños, no solamente algunos sino todos nacen como delincuentes. Si se les permite continuar en ese mundo egocéntrico desde su infancia, si se les da rienda suelta a sus acciones impulsivas para satisfacer lo que se les antoja, acabarán siendo criminales, ladrones, homicidas, violadores».

El Departamento de Policía de Houston, Texas, en Estados Unidos estudió miles de casos de jóvenes involucrados en la delincuencia y llegó a importantes conclusiones. Ellos elaboraron una lista de los diez errores que más frecuentemente cometen los padres y que comunican mensajes equivocados a sus hijos. Estas son las reglas que al ser practicadas pueden preparar el terreno para que los hijos actúen inadecuadamente:

1. Desde su infancia comienza a darle a tu hijo todo lo que quiera. De esta manera crecerá con la idea de que alguien lo debe mantener siempre.

2. Cuando aprenda a decir groserías celébralo con risas. Esto le hará pensar que las vulgaridades son graciosas.

3. Nunca le enseñes nada acerca de Dios. Espera a que sea mayor de edad y tome entonces la decisión de creer o no en Dios.

4. Recoge todo lo que deje regado y tirado: libros, zapatos, ropa, juguetes y trastos. Hazle todo para que así tenga experiencia en dejar siempre todas sus responsabilidades sobre otros.

5. Discute frecuentemente frente a él (o ella). De esta manera no se sorprenderá cuando tu hogar se desintegre.

6. Dale todo el dinero que quiera gastar, asegúrate de que nunca trabaje para ganarse lo suyo. Al fin y al cabo no necesita pasar por lo que pasas tú.

7. Complácelo en todos sus antojos: comida, bebida, ropa, juguetes, comodidades y diversión. Si le niegas algo podrías causarle una frustración.

8. Defiéndelo de todos los vecinos, maestros y policías. Es seguro que todos ellos están contra tu hijo (o hija).

9. Cuando se meta en graves problemas discúlpate diciendo: "Es que no lo puedo controlar".

10. Prepárate para sufrir toda la vida. Lo más seguro es que así será (vas derecho al dolor).

Creo que es un buen resumen que describe con claridad los terribles errores que pueden cometer los padres y es también una buena advertencia para los hijos que no quieren someterse a reglas que deben ser parte de toda convivencia.

Una mirada a la realidad

La verdad es que el sistema de valores de la sociedad no ayuda mucho en los planes de tener una familia conforme al propósito divino. Padres, hijos, profesores, autoridades, educadores, prefieren cada vez más los valores relativos en vez de los valores absolutos y por ello, las ideas de las personas bien o mal intencionadas pasan a ser los principios que rigen la vida. Debido a que las ideas humanas se presionan con más fuerza y se aceptan con mayor facilidad en medio de la sociedad, tendemos a convertirnos cada vez más en sociedades humanistas que no toman en cuenta los principios divinos que nos llevan a vivir con valores absolutos.

Debido a esto, la sociedad cambia aceleradamente y adquiere una forma más liberal de ver la vida. He conversado con algunos consejeros en las escuelas secundarias y todos han coincidido en que su papel ha ido cambiando con el paso del tiempo. Ellos opinan que años atrás su trabajo era guiar a los estudiantes para que pudieran escoger una universidad o una carrera adecuada de acuerdo a los recursos humanos y económicos que tenían. Ahora, la función más importante que tienen es ayudar a los muchachos a sobrevivir en medio de la sociedad. Deben estar preparados para conversar sobre los serios problemas personales y familiares y deben ayudar a los jóvenes a tomar decisiones sabias en una más amplia gama de aspectos que tienen que ver con su vida personal.

Hoy existen más familias destruidas que nunca, y los muchachos tienen que seguir adelante con sus vidas en medio de los conflictos que ellos no buscaron. Hoy los padres deben seguir su labor de establecer reglas sabias en sus familias y tener una disciplina apropiada a pesar del libertinaje con que quieren vivir muchos jóvenes al ser absorbidos por el sistema de pensamiento más tolerante y libertino de la sociedad. Hoy los padres deben seguir adelante con el desarrollo de sus vidas, a pesar de la serie de circunstancias que enfrentan en sus familias y de las grandes demandas que tienen en la sociedad. Hoy los hijos tienen que seguir adelante tratando de enfrentar la vida a pesar de ser parte de hogares con padres divorciados que generalmente no se relacionan con sabiduría o de padres demasiado ocupados como para dedicar el tiempo imprescindible para tener una familia saludable.

Hoy los jóvenes son más rebeldes contra sus padres, contra las leyes establecidas y contra las autoridades y existe más abuso de drogas que nunca. Hoy existe en los hogares más violencia que nunca. Existe violencia contra la mujer, más abuso de niños y adolescentes que nunca. Hoy, como nunca antes, más niños, adolescentes y jóvenes no tienen temor de las autoridades. Todo esto va destruyendo a los muchachos, a los padres y por consiguiente, a la sociedad. Para enfrentar con éxito esa realidad, hijos y padres deben trabajar en unidad.

Debido al aumento de la promoción del sistema de pensamiento humanista y liberal y la mayor aceptación de la sociedad, muchos pecados son aceptados como una simple elección de tipo moral que debe respetarse.

El aborto, las relaciones sexuales antes del matrimonio y la homosexualidad son ejemplos de pecados que deberían ser rechazados, pero son cada vez mas aceptados. A los hijos, bombardeados por los pensamientos liberales, les cuesta aceptar las reglas de un hogar que ama a Dios y sus principios morales.

Un ruego por la unidad

Es imposible desarrollar una familia saludable con la sola disposición de los hijos de amar y respetar a sus padres. Se necesitan padres que hagan lo mismo. También es imposible desarrollar una familia saludable teniendo padres amorosos y que establecen reglas disciplinarias. También se necesitan hijos que respondan con el mismo amor y respeto que esperan de sus padres.

A pesar de que existen opiniones extremas que dicen que los padres y las madres no tienen gran influencia en las decisiones que sus hijos tomarán a largo plazo, y que más bien los genes y la presión de grupo serán las influencias más importantes en su proceso de formación, yo sigo creyendo que los padres jugamos un papel esencial en el desarrollo de la moralidad y los principios que van a guiar la vida de nuestros hijos.

Es cierto que nosotros no tenemos la posibilidad de decidir por ellos, pero tenemos la posibilidad de enseñarles buenos principios para que tengan buenos recursos para decidir apropiadamente. Es cierto que la unidad entre los principios modelados y enseñados por los padres y la disposición de los hijos a imitar comportamientos sabios y enseñanzas basadas en altos principios morales producirá mejores resultados.

En los últimos años han aparecido algunos escritores postulando cosas contrarias a lo que el sentido común enseña. Algunos, por ejemplo, afirman que el divorcio no hiere a los hijos, y que la calidad de tiempo es mejor que la cantidad de tiempo; que los padres realmente no son indispensables, que mandar a sus hijos a un jardín de infantes es lo mismo que si ellos criaran o que aun podría ser mejor por el corto tiempo de que disponen por estar demasiado ocupados en sus trabajos y en la casa.

Vivimos en un mundo en que las agendas más sencillas del pasado han ido cambiando para convertirse en agendas humanistas y materialistas, más interesadas en las cosas, las relaciones con amistades fuera del hogar y más enfocadas en la diversión y en el afán de hacer más dinero. Hoy las agendas de los grupos interesados en conquistar su espacio de inmoralidad en la sociedad son más directas, tienen más adeptos y más recursos para su lucha. Tome por ejemplo la agenda de los activistas homosexuales, que en el pasado demandaban solamente tolerancia y respeto. Ahora exigen la aceptación de la homosexualidad como una relación saludable y normal, equivalente a lo que podría ser una relación heterosexual.

No solamente en Estados Unidos existe este cambio de mentalidad; no solamente en Estados Unidos se van saliendo de la moralidad judeo-cristiana para entrar en un mundo más liberal y con tendencias al secularismo humanista de Europa. También en mi país, Chile, está ocurriendo lo mismo y poco a poco en muchos otros países latinoamericanos.

Cada vez aumenta más la tendencia a vivir en un mundo de valores morales relativos en vez de determinar vivir bajo valores morales absolutos. En Chile las niñas de catorce años, mediante decreto presidencial, fueron autorizadas para poder adquirir «la píldora del día después» sin permiso de sus padres. Poco a poco las autoridades están haciendo todo lo posible por sacar de la educación la idea de un Dios creador y meter más ideas del evolucionismo. Han aprendido a ofrecer a los evangélicos que buscan mayores espacios cosas menores, para que abandonen sus demandas mayores. Los gobernantes liberales prefieren aceptar las demandas evangélicas más relacionadas con conquistas de espacio, apoyo económico y más libertad para así conseguir sus votos, pero por otro lado están incluyendo sutilmente su agenda humanista y anti-Dios. Quieren hacer creer a los católicos que es más importante tener presidentes y una sociedad que se preocupe de aceptar la diversidad y guiar al país a alcanzar sus grandes metas económicas que eliminar la pobreza y gobernar con integridad. Que cada individuo sea el que elija si aborta, si tiene relaciones prematrimoniales o si se casa con alguien del mismo sexo para vivir abiertamente su sexualidad. La mayoría católica, que en otro tiempo tenía políticos que decían ser católicos y luchaban por legislar basados en su teología, hoy tiene políticos que dicen ser católicos, pero votan y promueven sus políticas a favor de pecados que rechazan la doctrina católica.

En Chile la presidenta ha dicho que no permitirá que las religiones gobiernen el país, pero ella ha empujado su agenda agnóstica, que es otro tipo de religión. La religión de los agnósticos es el humanismo, y el dios es el mismo hombre. Ella ha determinado imponer su religión, imponer su sistema de valores a la sociedad, y lamentablemente, no es que estén dando libertad religiosa, sino que quieren tener libertad de la religión y, de ser posible, eliminarla.

La introducción de la educación sexual en niveles muy bajos de la vida de un niño, la distribución de los condones, la autorización a menores para utilizar «la píldora del día después» no es solamente un problema de los países desarrollados, también en nuestra América

Latina se está dando el mismo fenómeno. Con estas leyes, como ésta que permite ignorar a los padres en algo tan serio, se les está entregando a los hijos el poder de desafiar a la autoridad y desobedecer las reglas de moralidad, casi legitimizando la rebelión, permitiéndoles tomar decisiones para las cuales no están preparados. Es sorprendente que en Chile los menores de edad no puedan comprar bebidas alcohólicas, pero sí pueden utilizar «la píldora del día después».

Los medios de comunicación de mi país, lamentablemente han caído en la vulgaridad. Ahora se permite la inmoralidad, se permite la violencia en extremo y ya casi no existe una censura adecuada. Lamentablemente no se está promocionando ni presionando para tener un sistema de familia tradicional basado en valores absolutos, más bien cada vez se presiona más para que vivamos en un mundo de igualdad, de fraternidad y de libertad sin fronteras. Esto es lo que ha hecho que Europa se convierta en un continente pagano y totalmente humanista; eso es lo que invade Estados Unidos y es lo que también está ocurriendo en muchos de nuestros países.

Por eso en este libro motivo a los padres y a los hijos a entender que existe un peligro muy grande en la sociedad y que ambos deben unirse para poder enfrentar sabiamente los conflictos y las presiones que existen.

Para muchos padres, este libro significará una motivación a un cambio radical de su estilo de vida, de su comportamiento, de sus actitudes, de sus elecciones, de sus sentimientos y de la forma como se relacionan con sus hijos; y espero que lo mismo ocurra en muchos hijos; que entiendan que la paternidad no es fácil, como tampoco es fácil ser un joven o una adolescente y, por lo tanto, es mejor que papá, mamá y los hijos se unan para poder enfrentar las grandes presiones de este mundo.

A pesar de que existen opiniones extremas que dicen que los padres y las madres no tienen gran influencia en las decisiones que sus hijos tomarán a largo plazo, y que más bien los genes y la presión de grupo serán las influencias más importantes en su proceso de formación, yo sigo creyendo que los padres jugamos un papel esencial en el desarrollo de la moralidad y los principios que van a guiar la vida de nuestros hijos. Padres e hijos debemos unirnos y tener un sistema de valores absolutos basado en Dios y su moralidad y no en el sistema de pensamiento liberal de la sociedad.

Leyes que destruyen la vida familiar

Como existen leyes y principios que al ser adoptados por padres e hijos hacen de la familia el hogar que Dios quiere que sea, así también existen reglas que aunque no se determinen, si se aplican producen la destrucción de las relaciones familiares saludables. Mencionaré las más graves y destructivas.

El primer grave error que cometen los padres y los hijos es el siguiente:

No respetar la autoridad, y no ser una autoridad respetable

No sólo los hijos cometen errores que les afectan personalmente y a los miembros de su familia; también los cometen los padres. Aun las personas más responsables, inteligentes, amorosas y educadas cometen errores. No se escapa ningún adulto, niño, joven ni ningún hombre o mujer.

Mi intento es que los padres y los hijos entiendan que es posible tener una relación saludable, pero para ello, todos deben comprometerse a ser modelos honorables de los valores que deben ser parte de toda vida familiar. La familia debe tener un compromiso a vivir con un espíritu de unidad, y que tanto padres como hijos deben apoyarse mutuamente, ser consistentes y justos no solamente al evaluar a los demás sino también al evaluarse a sí mismos, y elegir vivir con una actitud positiva en sus relaciones de familia.

En la familia no sólo debe existir autoridad saludable, sino que ésta debe ser respetada. Los hijos necesitan autoridad, pero se rebelan contra el autoritarismo. La autoridad es esencial en la relación familiar, el autoritarismo la destruye.

Los hijos necesitan padres que se involucren en la familia sabiamente; la impavidez, la falta de involucramiento de los padres destruye la familia lentamente.

Los padres también necesitan hijos que sin ser perfectos sean responsables, que estén dispuestos a ser confrontados cuando cometen errores, que sepan arrepentirse cuando se han equivocado, y que estén dispuestos a respetar la autoridad establecida.

Para el normal desarrollo en la vida familiar es necesario que exista una estructura jerárquica en la familia. El hecho de que los padres tengan la autoridad no significa que tenga que usarse para destruir o con malas intenciones o malas actitudes, y tampoco es sabio pensar que se puede vivir en una familia gobernada por la anarquía.

Padres e hijos deben entender que es imprescindible que exista autoridad paterna y materna, y que no debe ser entregada a los profesores, a los psicólogos, a las niñeras, a los abuelos, a las tías ni a ninguna persona que no sean los padres. Se puede delegar la responsabilidad, y que las otras personas que están autorizadas para estar en contacto con nuestros hijos sigan las mismas reglas de disciplina que nosotros tenemos, pero la autoridad debe pertenecer a los padres y no a los hijos.

Por eso, es importante que los padres sean un buen modelo, no perfectos, pero haciendo todo esfuerzo por tener una buena ética, con excelentes valores y moralidad, y luchar permanentemente por evaluar su propia vida, admitir sus errores, pedir perdón cuando se equivocan y de esa manera mantener la autoridad.

Los padres deben ejercer su autoridad con respeto, cariño y firmeza, y no evitarla cuando se sienten cansados y estresados. Cometen un grave error los padres que, por evitarse problemas, les dan a sus hijos todo lo que ellos quieren.

Los hijos tienen actitudes que destruyen la vida familiar y los padres que son impávidos frente a las amenazas y los actos de desobediencia de sus hijos están permitiendo que haya un caos en las relaciones familiares. Si los padres no establecen un buen sistema disciplinario, un buen sistema de reglas que debe ser respetado por todos, incluyéndolos a ellos, y no establecen las consecuencias a la falta de respeto ni ejecutan su autoridad con firmeza, están contribuyendo a la destrucción de la familia.

Tener padres que se comportan como hijos, e hijos que quieren actuar dominantes como si fueran padres autoritarios crea un ambiente que destruye la relación familiar.

Los hijos deben entender que los padres son padres, no otros niños ni otros adolescentes. Que no son simples compañeros de la vida, ni personas que están asociadas frecuentemente o les acompañan durante dieciocho años; los padres son personas a quienes se les ha asignado una responsabilidad. Los hijos son hijos y debe preparárseles, no para que se queden toda la vida con los padres, sino para que se vayan.

Los padres tienen que asumir la autoridad pues son responsables del desarrollo integral de sus hijos. Esta no es una relación informal de compañerismo; es una función de educador y entrenador de los hijos para la vida.

Es algo muy positivo que los padres se lleven bien con los hijos y viceversa. Tratar de sentirse bien en la relación es una linda aspiración; pero no es algo que siempre se puede lograr. A nuestros hijos no les agradan las correcciones o las medidas disciplinarias y no se sentirán bien cuando se les obliga a hacer lo correcto. Si buscamos que nuestra relación sea muy armoniosa y para lograrlo no ejercemos nuestra autoridad, estamos equivocados. Si para mantener la paz permitimos que nuestros hijos hagan lo que quieran, no estamos actuando correctamente.

Los hijos se pueden sentir mal y molestos cuando establecemos límites y ejecutamos sabiamente nuestra autoridad, pero nuestra meta no es que se sientan bien, sino que aprendan a vivir bien.

Los hijos necesitan disciplina, y en lo profundo de su corazón lo desean aunque muchas veces no lo entiendan. Necesitan una estructura confiable y necesitan estabilidad que les brinda un sistema disciplinario y de autoridad saludable.

Padres e hijos no deben aceptar el mensaje erróneo que entrega parte de la cultura, sobre todo cuando hay una influencia muy grande de parte de algunos psicólogos que han tratado de encontrar justificación para las faltas que cometemos como seres humanos.

Cuando mis padres me criaron, vieron el comportamiento erróneo como un asunto moral, nos señalaron lo que era correcto y lo que era incorrecto, lo que era aceptable y lo que era inaceptable, lo que se permitiría y lo que no se permitiría. Así de simple era la vida.

Como niños, nosotros éramos narcisistas, antisociales, algunos distraídos, otros desobedecían más que otros, algunos se rebelaban de una manera distinta, pero como ya dije, los niños son seres humanos con una naturaleza pecaminosa.

La solución antigua era un rápido castigo físico. Lamentablemente, el castigo físico no es la herramienta apropiada para establecer una relación saludable entre padres e hijos. Poco a poco, la comunidad ha ido aprendiendo de los psicólogos que el mal comportamiento es el resultado de algún problema psicológico, como la baja autoestima, o algún problema biológico, químico, en el cerebro o alguna alergia a ciertos alimentos. Estas son algunas de las cosas más populares y más mencionadas por los psicólogos. Esto casi deja a los niños como que no tienen voluntad de elegir.

Han llevado a la gente a pensar que son tales las disfunciones genéticas o de malformación, que el niño no puede llevar a cabo conscientemente buenas acciones, sino que es dirigido por algunos problemas biológicos o psicológicos.

Esto ha llevado a hacer pensar a algunos muchachos que sus comportamientos inapropiados tienen justificación y por ello faltan el respeto a sus profesores o no cumplen con sus responsabilidades. Este sistema de pensamiento erróneo ha dejado que el perpetrador sea la víctima y la víctima sea el perpetrador.

El perpetrador de una ofensa simplemente tiene que apuntar a alguna experiencia del pasado, a algún trauma que vivió o a algún problema de alergia para justificar su conducta.

Los hijos deben entender que este sistema de pensamiento va en contra de lo establecido por Dios, y crea una crisis en la vida familiar. Cuando los padres no toman la autoridad adecuada, y la sociedad en general apoya la idea de los derechos de los individuos por sobre sus responsabilidades y obligaciones, crean un ambiente caótico en la crianza de los hijos.

Los hijos deben entender que los padres tienen la autoridad para corregir sus acciones inapropiadas y que cuando lo hacen, su propósito es su bienestar. La disciplina de sus hijos en amor es parte del entrenamiento para la vida.

Los hijos y los padres deben entender que cada vez que aquéllos tienen comportamientos erróneos en la casa y en la escuela y éstos determinan defenderlos y protegerlos para que no sufran la evaluación de la verdad y las consecuencias por sus acciones erróneas, les están haciendo un daño terrible.

Una de las consecuencias inevitables en los hijos cuyos padres ignoran el comportamiento erróneo o no actúan con responsabilidad y firmeza cuando los hijos cometen errores es que éstos piensan que su mal comportamiento no tendrá consecuencias y lo siguen haciendo.

Los hijos y los padres deben entender que cuando no existe un sistema apropiado de reglas, cuando no existen autoridades que las refuercen, ni hay consecuencias por los malos comportamientos, se perpetua la maldad. Debemos entender que si las autoridades no hacen cumplir con firmeza las reglas establecidas, se crea un caos tanto en la familia como en la sociedad. Todos los miembros de la familia deben saber que los padres también deben tener sobre los hijos una autoridad que debe ser respetada. Los padres debemos someternos a la autoridad divina que nos da directrices para saber cómo relacionarnos con sabiduría. Debemos entender que la autoridad no debe ser impuesta sino que debemos ganarla mediante un comportamiento adecuado y que está sujeto a los mismos estándares que demandamos de nuestros hijos. Los hijos deben entender que sus padres tienen la autoridad y que aunque no les guste tienen que someterse a las reglas establecidas para que todos las respeten.

La autoridad ejemplar y el respeto en las relaciones son ineludibles si queremos tener familias saludables. La autoridad sabia es esencial para el desarrollo normal de la vida familiar, el autoritarismo destruye las relaciones familiares. El respeto hacia la autoridad es esencial para la convivencia normal. La falta de respeto y la rebelión causan no sólo tristeza, sino también destrucción.

El segundo grave error que cometen padres e hijos es el siguiente:

Creer que es posible tener familias saludables haciendo lo que uno quiere por sobre lo que debe

Todos los seres humanos tendemos al egoísmo y la gratificación inmediata. No sólo tendemos a querer lo que queremos y a hacer lo que nos gusta aunque no debamos, sino que, además, tendemos a querer las cosas cuando queremos y no cuando debemos. Con esta filosofía de vida es imposible relacionarnos con amor y respeto. Es decir, es imposible tener familias que vivan en armonía y sus miembros se preocupen con cariño y genuinamente por las necesidades de los demás. Los padres egoístas que desean vivir conforme a lo que ellos quieren ignorando las necesidades de sus hijos, se convierten en tiranos, despreocupados y ausentes de sus hijos. Los hijos egoístas que desean que en el hogar se hagan las cosas a su manera se convierten en mimados, dominantes, rebeldes y alejados de sus padres. Hay padres que tienen la meta de que sus hijos se sientan bien. Les dan todo lo que quieren y les gusta, pero ésa es una forma destructiva de vivir, tanto para los padres como para los hijos. La indulgencia es uno de los grandes pecados de nuestra sociedad de hoy. Hay muchas personas que viven satisfaciendo sus deseos egoístas y no tienen ni sombra de culpabilidad.

Lo que la sociedad está enseñando ahora es una libertad total, libertad de expresión total, de comportamiento total; lo vemos en las escenas de televisión cuando los estudiantes salen a tirar piedras y a destruir la propiedad privada. Creen que tienen la libertad de exigir lo que consideran sus derechos de la forma que consideren apropiada. Quienes tienen estas erróneas ideas de libertad quieren exigir lo que creen justo de cualquier manera, incluso algunos jóvenes salen a las calles a destruir la propiedad privada para exigir sus derechos.

Vivimos en sociedades llamadas progresivas y basadas en un pensamiento secular liberal que ofrece libertinaje en vez de libertad.

Muchos fuimos criados en familias nucleares saludables. Algunos nacimos de padres que amaban a Dios y que nos enseñaron con claridad y energía a diferenciar entre lo malo y lo bueno. Algunos nacimos en hogares que nos enseñaron a tomar decisiones basados en un buen fundamento moral y no en las ideas de las personas. En ese sistema de familia, muchos comprendimos que lo malo debía ser castigado y por ello, se fue desarrollando en nosotros una conciencia capaz de discernir mejor. Además, nos ayudaba el hecho de que muchos principios de nuestra moralidad eran reforzados por las autoridades y nuestras leyes civiles. Hubo momentos en que se nos enseñó con absoluta claridad que había fronteras en la vida sexual, y que las relaciones sexuales prematrimoniales eran pecado. A muchos, nuestros padres y aun nuestros profesores, nos enseñaron que el sexo fuera del matrimonio no debía ser practicado por jóvenes sin responsabilidad y sin un compromiso matrimonial.

Hubo momentos en que se nos enseñó que la homosexualidad no es un tercer sexo ni una opción que nosotros debemos considerar sino un mal en la sociedad y que conduce a un estilo de vida inmoral. Esas enseñanzas sólo son aceptadas por quienes tenemos una alta moralidad basada en la Biblia. Lamentablemente junto con la revolución sexual, vino la inmoralidad y junto con el concepto de amor libre, también vino el libertinaje y así aumentó el abuso de las drogas, el alcohol, la promiscuidad, las desviaciones sexuales, los problemas de comportamiento autodestructivo y muchas otras cosas más.

Muchos muchachos hoy no tienen un blanco moral o filosófico ni tienen control de su comportamiento ni de sus emociones; más bien prefieren seguir sus gustos y sus pasiones. Tristemente, muchos padres hacen lo mismo.

La sociedad se enfoca en los derechos de los individuos y no en las responsabilidades morales que debemos cumplir. Por eso tenemos un mundo de jóvenes con tendencias al egocentrismo y al narcisismo.

Un narcisista es una persona que nunca superó las fronteras de su amor propio de la infancia; que nunca aprendió a fondo determinadas habilidades sociales; que nunca aprendió a amar verdaderamente a otras personas. El narcisista se ama a sí mismo y hace que todo gire en torno a él.

El narcisista tiende a pensar que las otras personas son instrumentos para su bienestar y su satisfacción, pero él no está dispuesto a renunciar a determinados derechos por el bienestar de otras personas; lo único que le importa es su persona, sus sentimientos, lo que le gusta o lo que le desagrada.

Padres e hijos debemos aprender que Dios no nos creó para esperar que todo en este mundo gire alrededor de nosotros. Tenemos que entender que hay límites que debemos respetar y que hay consecuencias por nuestro comportamiento que tenemos que aceptar.

Triste es reconocerlo, pero en nuestra sociedad existe una tendencia a motivar a los muchachos a exigir sus derechos. Por eso debemos recordar que los conceptos decentes basados en los más altos valores morales comienzan en nuestro hogar, que la familia nuclear es la unidad básica de la civilización y que nuestra responsabilidad es tener hijos civilizados.

Una de las lecciones más duras que pueden aprender los hijos es que en este mundo no toda la gente está para servirnos, para darnos lo que nosotros queremos. Nuestros hijos deben aprender que también se requiere algo de ellos como hijos. Se requiere que ellos aprendan a demostrar gratitud, que aprendan a ser agradecidos por la protección, el cuidado, el amor, y el apoyo económico que ellos reciben. Padres e hijos debemos participar en la vida en formas que no siempre son gratificantes o experiencias que no siempre dan una gratificación inmediata.

En una oportunidad escuché a un adolescente decir a su padre: «Usted no tiene por qué controlar mi vida». ¿Qué había ocurrido? Que el padre había dado una orden para que el muchacho ayudara a su madre, y cuando volvió a casa el padre, el hijo no había cumplido la orden recibida. A pesar de su desobediencia, el muchacho no sentía ninguna culpa, más bien estaba molesto.

Cuando estábamos a la mesa, el padre trajo el tema a colación, y me hizo la pregunta: «¿Es verdad lo que dice mi hijo que los padres no tenemos derecho a controlar sus vidas?» Le expliqué, entonces, a él y a su esposa que sí tenemos el derecho de hacerlo mientras sean dependientes de sus padres, y para que los padres satisfagan muchas de sus necesidades deben controlar parte de la vida de sus hijos.

Los hijos tienen privilegios, tienen derecho a su privacidad, a recibir apoyo económico, tienen derecho a jugar, a utilizar las cosas de la casa, a la comida, pero también tienen la obligación de apoyar y ayudar a sus padres. Ayudar es parte de la responsabilidad que tenemos todos los que estamos dentro de la vida familiar.

Tener un buen control del estado de la relación interpersonal es saludable y debemos recordar que entre padre e hijos existe un camino de doble vía, y ambos deben dar y recibir. Nos dan los demás porque se preocupan por nosotros y porque somos parte de la familia y nosotros tenemos que dar porque nos preocupamos por ellos y porque somos parte de la misma familia.

Cuando los hijos participan de la vida de la familia, y cumplen responsabilidades igual que sus padres, todos estamos construyendo puentes entre las personas que nos permiten vivir con seguridad, en un ambiente de protección, de ayuda mutua y donde debe desarrollarse un buen trabajo en equipo.

Los padres egoístas que insisten en vivir conforme a lo que ellos desean e ignoran las necesidades de sus hijos, se convierten en tiranos, despreocupados y ausentes de sus hijos. Los hijos egoístas que desean que en el hogar se hagan las cosas a su manera, se convierten en mimados, dominantes, rebeldes y alejados de sus padres. No se puede tener una familia amorosa y con alta moralidad sin padres que ejerzan una autoridad respetable, ni hijos que respeten a la autoridad de una forma saludable.

Capítulo II
Preparándolos para que se vayan

Dios no nos dio hijos para que los preparemos para que se queden en el hogar como dependientes, sino para que se vayan de él en el momento adecuado y se hagan cargo de sus vidas en forma interdependiente. Debemos prepararlos para que se vayan con los recursos integrales necesarios para que puedan elegir vivir sabiamente.

Hace algunos años aprendí un nuevo concepto relacionado con la labor de los padres. Por muchos años había pensado que nuestra labor en la vida era simplemente preparar a nuestros hijos, pero cuando escuché a alguien decir que debíamos prepararlos para que se vayan, me impactó profundamente. Debido a ello, estudié detenidamente esa afirmación y me di cuenta de que no sólo era una declaración verdadera sino también muy práctica y sabia. Ahora soy uno más de los que creen que Dios no nos dio hijos para que los preparemos para que se queden en el hogar, sino para que se vayan de él; por lo tanto, debemos prepararlos integralmente en la vida para que puedan salir del hogar de la mejor manera.

Por supuesto, la salida de los hijos del hogar no siempre es producto de un acuerdo entre padres e hijos y después de un proceso de conversación y preparación. Existe una gran variedad de formas en que nuestros hijos pueden abandonar la casa paterna. Algunos, como es nuestra costumbre en América Latina, consiguen una novia, un novio, desarrollan una amistad, involucran a los padres, se hacen los preparativos para la boda, se casan y se van.

Lamentablemente, no todas las formas en que los hijos se van del hogar son tan ideales como la que he indicado. Algunas chicas se van embarazadas antes de tiempo, dejando tras ellas una situación conflictiva y dolorosa. Algunos muchachos se marchan pues desean vivir a su manera de modo que eligen su estilo de vida. Como se sienten abrumados por las reglas de los padres, deciden marcharse del hogar, aunque no estén preparados para tomar decisiones de adultos y vivir el estilo de vida de una persona casada, pero lo hacen pues es lo que desean.

También hay hijos que se van antes de cumplir los dieciocho años. He sido testigo de la huida de jóvenes de sus hogares por razones justas y necesarias. Hijos abusados y golpeados por un padre dependiente y violento no pueden seguir en esa convivencia destructiva. Otros se marchan porque viven en un estado de rebelión constante. Por lo general, están involucrados con amigos que han ejercido una tremenda influencia en sus vidas. Se motivan mutuamente a salir del control paterno y abandonan el hogar. En muchos casos están involucrados en algún tipo de dependencia.

Por otro lado, no todos los hijos que se van realmente se van. Muchos se van simplemente porque quieren pasar una temporada de independencia y libertinaje, alejados de sus padres y para poder tomar determinaciones no siempre saludables, pero debido a que no tienen la experiencia ni la capacidad de sostenerse solos, generalmente intentan regresar al hogar, aunque muchas veces no han aprendido la lección y sólo buscan una solución rápida. Muchos regresan con un sistema de pensamiento más liberal, con nuevas costumbres adquiridas que son difíciles de dejar y al regresar al hogar, después de la temporada en que han tratado de demostrar que quieren participar de la vida de familia, nuevamente inician su estilo de vida y comienza una nueva batalla con los padres.

También he notado que no todos los padres viven preocupados con respecto a cómo van a influenciar la vida de sus hijos para que tomen decisiones sabias cuando se acerque el momento de la indispensable separación. Hay padres que han elegido vivir en un mundo de total despreocupación. A algunos no les importa mayormente si sus hijos se van o se quedan, no están preocupados del estilo de vida que llevan y otros son ejemplos terribles al vivir un estilo de vida de dependencias que motiva a algunos hijos a hacer lo que ellos hacen, y a otros, a odiar y nunca querer hacer lo que vieron hacer a sus padres.

Hay otros que sufren ante la sola idea de que sus hijos se vayan del hogar. Otros, con una actitud sobreprotectora, mantienen a sus hijos en el hogar y otros decepcionados o con una actitud de odio y venganza tratan de sacarlos lo antes posible. La verdad es que es muy difícil vivir en un mundo de equilibrio, un mundo en el que se aplique la autoridad pero a la vez mantengamos activas la gracia y la misericordia.

Por eso reconozco que estoy hablando de un tema que no es fácil; pero, después de todo, ¿cuál de los temas tratados en este libro será fácil? No es fácil hablar ni es fácil lograr entrenar a nuestros hijos para la vida. Eso implica una gran cantidad de esfuerzo y la necesidad de pasar por temores y sufrimientos. Pero para que ellos tengan la posibilidad de ser responsables e íntegros necesitan de padres fuertes y amorosos y de los principios morales que les enseñemos. Si a pesar de todo deciden vivir en un mundo de irresponsabilidad, no es imputable a los padres si estos han sabido darles los recursos adecuados que los capacite para elegir una vida loable.

No por ser común, deja de ser dolorosa

Generalmente, uno encuentra algo de consuelo cuando se da cuenta de que no es el único padre que sufre por las decisiones pecaminosas de sus hijos, pero lo común del dolor no quita el dolor tan común que experimentamos.

He conocido a padres que no solamente pasaron tiempo con sus hijos, sino también los entrenaron de una forma extraordinaria. En esos hogares existía mucha disciplina pues sin ella es imposible entrenar y ser entrenados. He conocido padres amorosos que han cometido errores, pero que su meta ha sido criar a sus hijos sabiamente y para lograrlo no sólo han hecho su mejor esfuerzo, sino que, además, se han preparado y han tratado de ser un buen modelo de amor a Dios y de vivir una vida de integridad y responsabilidad; pese a eso, han sufrido desprecio tras desprecio y dolor tras dolor debido a la rebelión de sus hijos.

En uno de esos hogares vivía un hijo desesperado por marcharse. Lamentablemente algunos jóvenes no saben apreciar el ambiente hermoso de un hogar disciplinado ni a padres que luchan no sólo por ser un ejemplo sino para entrenar a sus hijos para que vivan con sabiduría. En ese hogar vivía un hijo que con sus palabras y hechos declaraba que estaba cansado de la disciplina de su hogar y que no hallaba la hora de irse. Con mucha paciencia, el padre lo había preparado en muchas áreas en que había podido para que pudiera elegir un futuro adecuado de acuerdo a la forma como lo había preparado. El padre le había enseñado desde cómo andar en bicicleta hasta cómo abrir una cuenta en el banco. Le había enseñado a pagar sus impuestos, a conducir un automóvil, a dar todos los pasos necesarios para conseguir un trabajo, incluyendo cómo presentar aplicaciones y cómo redactar un currículo.

En distintas ocasiones le había enseñado acerca del peligro de las relaciones sexuales prematrimoniales y algunos principios para vivir una vida saludable. Después de una serie de experiencias dolorosas, buscó el asesoramiento de un consejero amigo con quien compartió su terrible tristeza. Este padre no estaba preparado para que su hijo se fuera de la casa, a pesar de que había hecho muchas cosas que hace un buen padre. El hijo estaba decidido, así fue que una mañana, a los dieciocho años, se fue.

Este padre visitó la oficina de mi amigo consejero por una de las razones que algunos padres buscan ayuda. Quería que le ayudaran con el dolor y la culpa que estaba experimentando por haber puesto tanta presión en la vida de su hijo. Erróneamente se consideraba culpable de que su hijo se hubiera marchado tan apresuradamente del hogar. Pensaba lo que muchos padres piensan en estas circunstancias. No podía aceptar que su hijo se hubiera marchado apenas cumplidos los dieciocho años.

El consejero le llevó por los caminos del consuelo y de la eliminación de la culpa innecesaria. Los padres deben entenderme bien. Si sienten culpa por haber fallado, deben asegurarse de que en realidad se han equivocado. El solo hecho de que nuestros hijos vivan pecaminosamente no significa que hayamos fallado. Es bueno sentir culpa cuando el sentimiento de culpabilidad es justo y bueno, pero cuando es inadecuado y mal fundado es sólo un terrible veneno.

Existen muchos padres que deberían sentirse culpables por no haber preparado a sus hijos, pero otros sienten culpas por cosas que no les son imputables.
Es bueno sentir culpa cuando el sentimiento de culpabilidad es justo y bueno, pero cuando es inadecuado y mal fundado es sólo un terrible veneno.

Basado en un estudio adecuado de la Biblia, tengo el deber de decirles que ustedes no son responsables de las decisiones erróneas que tomen sus hijos al enfrentar la vida. Los padres somos responsables de las decisiones erróneas que tomamos nosotros al no prepararlos adecuadamente para que enfrenten la vida. La culpa es buena cuando la forma de evaluar mi falta es correcta. Si yo creo que debo hacer algo que Dios no me ha asignado a mí y asumo una responsabilidad innecesaria y fallo, me sentiré culpable perjudicialmente. La culpa adecuada no sólo está basada en un buen estándar sino que también debe irse cuando cumple su objetivo. Bíblicamente, la razón de la existencia de la culpa es motivarnos al arrepentimiento de una falta que verdaderamente es falta delante de Dios. Cuando la culpa cumple su objetivo, es decir, nos llevó a un arrepentimiento genuino, junto con el dolor de la falla, la vergüenza y la tristeza de haber fallado a quienes amamos y con la determinación de abandonar la falta, debe también irse la culpa.

El consejero puso todo su esfuerzo para que el padre comprendiera que nuestra responsabilidad no es preparar a nuestros hijos para que vivan la vida que nosotros anhelamos sino que es prepararlos para que vivan conforme al propósito para el cual fueron creados. Es entregarles todas las herramientas para que cuando se vayan tengan los recursos necesarios para tomar decisiones correctas; si después de haber hecho nosotros eso ellos eligen vivir de otra manera no es nuestra responsabilidad.

He conocido personas que proceden de hogares donde fueron sobreprotegidos. Cuando ya vivían en forma independiente comenzaron a asistir a la iglesia en que yo era consejero de jóvenes y me di cuenta cuánto daño pueden hacer los padres bien intencionados pero que malcrían a sus hijos. Jóvenes que proceden de estos ambientes tienen serios problemas para saber cómo enfrentar la vida pues se crían demasiado dependientes de sus padres. Algunos, cuando sienten la presión de la dependencia que antes tanto les gustó, buscan desesperadamente su independencia, pero como no están preparados les es imposible vivir una vida de excelencia.

Mis padres nunca me dieron una clase de educación sexual. Ni hablaron conmigo de valores. Nunca me dieron indicaciones sobre cómo abrir una cuenta bancaria ni tampoco me enseñaron a manejar un automóvil; sin embargo, sus vidas fueron grandes ejemplos para mí y modelaron muchos valores a pesar de que no eran, precisamente, una clase formal. Se necesitaba decisión personal para imitarlos y se necesitaba amar a Dios para seguir viviendo en los principios que ellos nos enseñaron. No todos mis hermanos lo hicieron. Gracias a Dios, mi padre nos ayudó a todos a saber cómo elegir vivir bien. Mi mente está inundada de enseñanzas, no sólo de las sencillas y sabias palabras de padres sin mayor educación formal, sino de un comportamiento ejemplar. Tristemente, no todos mis hermanos aprovecharon de ese maravilloso caudal de principios, valores y buenas costumbres modelado por nuestros padres y pasados a sus hijos. Algunos eligieron estilos de vida diferentes y contrarios a los principios que mis padres les habían enseñado y tuvieron que sufrir tristes consecuencias. No quisieron aprovechar la preparación disponible. Aunque mis padres nunca me lo dijeron y tal vez nunca lo pensaron, ellos me estaban preparando para que me fuera y aunque algunos de mis hermanos no utilizaron esa preparación, usarla y beneficiarme de ella fue mi permanente determinación.

Estoy convencido que todos los jóvenes tienen la posibilidad de elegir vivir bien, aunque su formación haya sido deficiente. Todos tenemos la posibilidad de en algún momento comenzar a tomar decisiones correctas, aunque nuestros padres hayan vivido una vida incorrecta. Esos jóvenes pasarán por situaciones más complicadas, pero si buscan consejo y ayuda de gente que teme a Dios y está preparada, pueden salir de la presión de la mala formación.

Jorge y Santiago son nombres que usaré para describir a dos jóvenes que por años fueron amigos y discípulos. Hasta donde recuerdo su historia, ambos se conocieron cuando pequeños en un orfanato en condiciones elementales. Después de un tiempo, ambos fueron adoptados en casas diferentes donde vivieron otras experiencias dolorosas. Pasaron muchos años y finalmente se encontraron en la iglesia donde ejercía mi liderazgo. Ambos amaban al Señor y con el consejo de los que liderábamos y su propia determinación a vivir con sabiduría comenzaron a introducir cambios significativos en sus vidas. Tuve el privilegio de vivir con Jorge, guiarlo, aconsejarlo y casarlo. Se convirtió en un fiel miembro de la congregación, respetuoso, servicial y trabajador de la construcción muy responsable. Además, ha logrado guiar a su familia, tener su casita, mantener sus trabajos con responsabilidad y tener una relación familiar saludable. Su pasado no fue un impedimento para lograr grandes metas.

Santiago también vivió con nosotros. A pesar de que era mayor que mi esposa, ella lo consideraba como uno más de nuestros hijos. Le guiamos pues siempre buscó nuestros consejos. Le ayudamos en todo lo que estuvo a nuestro alcance y no solamente se graduó de la escuela secundaria, sino también de la universidad y no sólo en Ecuador, sino también en Estados Unidos. Se convirtió en un buen miembro de la congregación, respetuoso y servicial. Era un excelente empleado de una agencia internacional en la capital de Estados Unidos.

No existen obstáculos cuando una persona que no tuvo la oportunidad de contar con una buena formación determina buscarla en personas que aman a Dios, que viven en un mundo de altos valores morales y con integridad y que son capaces y están dispuestas a compartir con ellos su sabiduría y darles una nueva orientación.

No existen obstáculos cuando una persona que no tuvo la oportunidad de contar con una buena formación determina buscarla en personas que aman a Dios, que viven en un mundo de altos valores morales y con integridad y que son capaces y están dispuestas a compartir con ellos su sabiduría y darles una nueva orientación.

En mi carrera como consejero he tenido la oportunidad de conocer y ayudar a cientos de personas. Puedo decirle que sin excepción, todos los jóvenes y adultos que decidieron amar a Dios, reconocer su necesidad de formación y aceptaron consejo sabio y dirección y lucharon por realizar una buena aplicación, todos, absolutamente todos, viven una vida saludable y muchos de ellos están influenciando a otras personas. El otro lado de la moneda es que, sin excepción, todos los que a pesar de estar en un excelente medio ambiente, a pesar de haber recibido la instrucción de líderes sabios y amorosos, a pesar de tener todo para realizar serios cambios y vencer su oscuro pasado, decidieron no vivir conforme a los consejos aprendidos y los valores que se les enseñaron, todos, sin excepción, fracasaron.

Salí de mi casa a los veintiún años, recién casado y por la oportunidad de ir a vivir y trabajar en otro país. Nunca me imaginé lo que Dios tenía para nosotros. Después de haber vivido seguro al lado de mis padres y tratando de ser un buen hijo y actuar con responsabilidad en mi vida personal, mi vida eclesiástica, mi vida familiar y mi vida profesional, Dios permitió que viviéramos las experiencias más difíciles que un par de jovencitos recién casados pueden vivir: la enfermedad de mi esposa, la pérdida del trabajo por no poder viajar a cumplir mi contrato en otra ciudad y tener que cuidar a mi esposa, falta de visa para vivir en el país, falta de dinero para sostenernos con lo esencial, y sin tener un lugar donde vivir. Dios permitió que nos acercáramos a gente temerosa de Dios, amantes de la familia y que vivían con integridad. Ellos nos enseñaron y apoyaron con amor y bondad. Aprovechamos cada consejo y tratamos de cumplir con la mayor responsabilidad y allí afloraron los maravillosos valores, consejos, enseñanzas, predicaciones que escuché de mi padre. Mientras trataba de amar y cuidar a una esposa de 17 años, utilicé de la mejor manera y en medio de grandes errores los valores que mis padres me habían enseñado y que me habían preparado para ese preciso momento, el momento en que me había marchado del hogar para vivir como un joven responsable e independiente.

Estoy convencido de que todos podemos vivir bien a pesar del mal que nos rodea y de los conflictos del pasado. Estoy convencido de que los padres que preparan a sus hijos para que se vayan cumplen la labor que Dios les ha encomendado y le dan a sus hijos un reservorio de recursos que ellos tendrán que utilizar con sabiduría para vivir excelentemente. Estoy convencido de que todos los extremos son malos. Se han ido a un extremo los padres que dejaron un vacío de autoridad y disciplina. No entregan buenos recursos los padres que no tienen una estructura de hogar sin límites sabios y saludables. Se van al extremo los hijos que rechazan las reglas y la disciplina de los padres y que esperan que sus reglas sean aceptadas. Se han ido a un extremo no saludable los padres que no realizan una adecuada supervisión de la vida de sus hijos. Se han convertido en extremistas los padres que quieren guiar a sus hijos con una actitud tan dictatorial y opresiva que humillan y condenan en vez de guiar y disciplinar.

Estoy convencido de que todos los jóvenes tienen la posibilidad de elegir vivir bien, aunque mala haya sido su formación. Todos tenemos la posibilidad de en algún momento comenzar a tomar decisiones correctas, aunque nuestros padres hayan vivido una vida incorrecta. Los jóvenes que no tuvieron consejo sabio y una buena formación pasarán por situaciones más complicadas, pero si buscan consejo y ayuda de gente que teme a Dios y está preparada, pueden evitar ser destruidos por la presión de la mala formación.

La labor de los hijos: almacenar los recursos

Cuando pequeños, los hijos son esponjas súper absorbentes. Observan, escuchan, investigan, imitan, experimentan y aprenden muchas cosas, aun sin que los padres se den cuenta. Cuando van avanzando en edad se van haciendo más críticos de lo que ven y escuchan. Van estableciendo criterios y son más motivados a actuar por sus gustos y preferencias pues ya ven que existe la opción de hacer cosas diferentes y aun contradecir lo que dicen sus padres. Poco a poco los hijos prefieren sus propios criterios, van formando sus opiniones y están menos dispuestos a seguir instrucciones. Llega un momento en que eligen los recursos que van a guardar para ser utilizados en el futuro. Llega el momento en que ellos seleccionarán las conversaciones que escucharán, los ejemplos que imitarán y los consejos de sus padres que archivarán. Llega un momento en que los jóvenes son los responsables de almacenar los recursos que necesitarán. Debido a que los jóvenes tienen esta opción, deben tomar la decisión de escuchar a sus padres con la intención de comprender y analizar y descubrir verdades que les ayudarán a vivir saludablemente. Este es un libro escrito con la intención de guiarles y ayudarles y, por lo mismo, tanto los padres como los hijos deben elegir la actitud apropiada. Así como los padres tienen la obligación de instruir a sus hijos, entrenarlos para la vida y entregarles los mejores recursos para que tengan la opción de escoger bien, así también los hijos deben estar dispuestos a aprender y a almacenar los recursos que sus padres quieren proveerles.

Así como los hijos dispuestos a aprender no pueden adquirir buenos recursos de padres que no están dispuestos a dárselos, así tampoco los padres que proveen buenos recursos no pueden cumplir su responsabilidad de llenar la mente de buenos principios si los hijos determinan bloquearse y negarse a aprender esos buenos valores. Los jóvenes deben entender que nada puede salir de su mente si no lo han archivado.

Para prepararse para vivir sabiamente cuando se vayan, los jóvenes deben determinar aprender buenos principios y valores mientras están siendo entrenados en el hogar de sus padres. Los jóvenes que se niegan a almacenar esos buenos recursos regularmente no los tendrán disponibles cuando los necesiten posteriormente.

La labor de los padres: dar buenos recursos

Cada persona elige la vida que quiere, pero alguien que no ha recibido buenos recursos no tendrá buenas opciones. Cuando somos pequeños no tenemos opción, debemos seguir órdenes, vestirnos como nos dicen, comer lo que nos exigen, hablar lo que nos permiten, dormir cuando se nos asigna, ir a la escuela aunque no queramos, prestar nuestros juguetes aunque nos moleste, arreglar nuestras cosas aunque estemos cansados y relacionarnos bien con nuestros hermanos aunque nos caigan pesados. Pero cuando somos adolescentes, no sólo el cuerpo comienza a cambiar sino que toda nuestra vida cambia. Entonces también llega la oportunidad de tomar decisiones. No sólo que podemos decidir, sino que queremos y no sólo que queremos tomar determinaciones, sino que también debemos hacerlo para vivir saludablemente. Por eso, es esencial que los padres preparen a sus hijos para que tengan buenos recursos para tomar buenas decisiones.

La presión que experimentamos en la adolescencia no sólo es interna y constante, sino también externa. No sólo queremos hacer lo que nos agrada, sino lo que les agrada a otros porque ellos nos agradan a nosotros. Por ello, la vida se hace difícil para el adolescente y también para sus padres. Es por ello que padres e hijos debemos unirnos en esta tarea que es esencial para la supervivencia adecuada de una persona en este mundo. Padres e hijos deben prepararse. Los padres deben preparar a sus hijos para que se vayan, y los hijos aceptar la preparación de sus padres pues la van a necesitar para cuando se vayan. Por eso es que padres e hijos necesitamos prepararnos y tener la mejor actitud de cooperación en esta difícil pero recompensadora tarea. Los padres deben prepararse para saber cómo preparar a los hijos, cómo prevenir los peligros y obstáculos y cómo corregir los errores y pecados. Los hijos deben prepararse para saber cómo tomar responsabilidades personales, cómo tomar decisiones para las cuales no están preparados, cómo aceptar y discernir los consejos de personas que han vivido más y saben más, a pesar de que no siempre entreguen directrices agradables y deben prepararse para saber cómo desarrollar una excelente actitud y convertirse en personas dispuestas a que se les enseñe.

Los padres somos los encargados de proveer integralmente
de los recursos necesarios para que nuestros hijos puedan
elegir utilizarlos cuando sea apropriado.

Responsabilidades de padres entrenadores

Traer hijos al mundo es muy fácil pero no lo es tanto cuando se trata de trabajar en su formación. Educarlos y prepararlos para la vida es muy difícil, por eso son pocos los que cumplen cabalmente con esta importante labor.

Al escribir este libro tengo cincuenta y cinco años, cuatro hijos entre los veinticuatro y treinta y dos años, he escuchado a miles y he aconsejado a millones de personas por medio de las más de mil estaciones de radio que transmiten mis programas. He cometido muchos errores y he aprendido grandes verdades y todo me ha ayudado para dar algunas sugerencias a quienes quieren preparar a sus hijos, no para que se queden en casa, sino para que se vayan. Debo admitir que yo no he sido un modelo que ha cumplido con todo lo que enseña. Primero, soy pecador y un ser humano con muchas fallas. Mi vida no es perfecta y he cometido y sigo cometiendo errores. Segundo, no me enseñaron todo lo que he aprendido. He dedicado mi vida a prepararme para ayudar a personas y familias y he logrado algo maravilloso, pero hay muchas cosas que no entendía en el momento en que mis hijos podían haber sido entrenados mejor de lo que hicimos con mi esposa. Pero, basado en mis errores y mis aciertos como padre, en los pecados y experiencias dolorosas, así como en los escritos y enseñanzas de otros, comparto una serie de sugerencias que pueden guiar a los padres a que preparen a sus hijos para cuando se vayan y a los hijos para que comprendan que la labor de sus padres, si son padres y no sólo donantes de espermatozoides y si son buenos padres y no sólo proveedores económicos, es entrenarlos para la vida sea que ellos quieran o no y sea que a los hijos les guste o no.

Preparar a los hijos para que se vayan demanda que padres e hijos tengan un compromiso de aprender a amar a Dios en forma integral y con sinceridad, para que sepan amarse a ellos mismos como Dios demanda que nos amemos y con una gran actitud de equilibrio y que aprendan a relacionarse y amar a sus familias y a las demás personas con el cariño y el respeto que Dios tiene por nosotros.

Esas son precisamente las áreas que deseo recomendar a los padres que desean preparar a sus hijos para cuando se vayan del hogar. Para ello, debemos tener un compromiso de cumplir con fidelidad con las siguientes responsabilidades:

1. Modelar un amor por Dios digno de ser imitado y enseñar a nuestros hijos a amar al Dios que nosotros amamos. Los seres humanos no somos sólo cuerpo que alimentar y emociones que cuidar sino también somos seres espirituales que deben preocuparse de su espiritualidad si quieren vivir una vida de excelencia integral.

Existen estudios que en el pasado han indicado que es muy importante que enseñemos a nuestros hijos la habilidad de conectarse con Dios en forma sabia pues los jóvenes que lo hacen tienen más posibilidad y facilidad de recuperarse del abuso de substancias químicas y vencer sus adicciones. Sin embargo, nuevos estudios han agregado algo muy importante, determinando que los adolescentes que en el proceso de su niñez han desarrollado una vida espiritual saludable tienen más fuerza para no desarrollar adicciones. La doctora y autora Lisa Miller explicó a Reuters Health que «los adolescentes que admitieron que tenían una relación personal con la divinidad tienen el 50% menos de posibilidades de convertirse en alcohólicos o drogadictos, e incluso de ser contrabandistas de drogas (marihuana y cocaína). Esta verdad es importante, especialmente porque los inicios del alcoholismo y la drogadicción generalmente ocurren en la adolescencia».[1] A esta conclusión llegaron la profesora Miller y sus colegas de la Universidad de Columbia quienes realizaron un estudio usando datos de investigaciones realizadas acerca de la relación entre la vida religiosa y el uso de substancias entre 676 adolescentes entre 15 y 19 años. Los estudios señalan que los adolescentes que tienen un más alto nivel de vida espiritual saludable, una vida de devoción personal, convicciones personales conservadoras y están relacionados con una institución conservadora tenían menos posibilidad de involucrarse en marihuana y cocaína.

Es muy interesante que estos estudios indiquen que aunque los adultos involucrados en programas de alcohólicos anónimos reciben ayuda, no les ayuda a los adolescentes pertenecer a grupos que exigen o fuerzan un sistema religioso. Esto indica que son más importantes las convicciones que las presiones. Las presiones de los padres o de las religiones no son efectivas como lo son las convicciones que se enseñan a los niños y cuando los adolescentes han determinado vivir su vida personal sometida a principios espirituales. El estudio se enfocó en la devoción personal, en los valores conservadores personales, en las instituciones conservadoras que fueron definidas como involucramientos que representan una relación activa con una divinidad, una elección personal de unirse a ese sistema de enseñanzas y creencias que en algunos casos se inició a través de una experiencia de nuevo nacimiento que profesamos los cristianos y relacionado con el grado de fundamentalismo en denominaciones religiosas. El estudio fue publicado en el *Journal of the American Academy of Child and Adolescent Psychiatry*.[2]

La Biblia nos enseña que debemos compartir estos valores, que debemos enseñar con nuestro ejemplo y entregar principios a nuestros hijos. Debemos enseñarles a no vivir en un mundo religioso, sino a tener una relación personal con Dios, y tomar en serio a Dios.

No debemos enseñar a nuestros hijos un mundo de espiritualización; debemos enseñarles un equilibrio entre lo que Dios demanda que nosotros hagamos y lo que Dios hará cuando nosotros no podamos.

Debemos enseñarles con nuestro ejemplo que la persona más importante de este mundo es Dios; que debemos tomarlo en serio y amarlo con todo nuestro corazón y que debemos tomarlo en cuenta en nuestras decisiones. Los padres debemos enseñar a nuestros hijos que no debemos utilizar a Dios cuando nos conviene sino que debemos actuar con sabiduría pues Él está presente en cada circunstancia de nuestra vida. Nuestra economía, nuestra moralidad, nuestras relaciones interpersonales, nuestra ética de trabajo y todo lo que concierne a nuestra vida de responsabilidad deben tener su fundamento en Dios y su verdad.

También debemos enseñar la realidad de la vida cristiana para que ellos no experimenten frustración. Nuestros hijos deben entender que los cristianos, incluyendo sus padres, no son perfectos; sin embargo, son personas que a pesar de su naturaleza pecaminosa tienen el poder de luchar contra el pecado, y cuando pecan delante de Dios, de sus hijos, de sus cónyuges, están dispuestos a pedir perdón y luchar una vez más para no volver a caer.

Le recuerdo que debemos entrenar a nuestros hijos para que amen a Dios, aunque no todos tomarán la determinación de amarlo, a pesar de que nosotros lo amemos con todo nuestro corazón, y seamos un ejemplo y nuestro estilo de vida una gran motivación. Debido a su naturaleza pecaminosa, ellos pueden elegir mal, pueden elegir apartarse del Señor, pueden elegir rechazar sus valores y moralidad y comenzar a vivir en un mundo de pecaminosidad; sin embargo, nosotros como padres habremos cumplido nuestra labor, y Dios no nos acusará de incumplimiento, sino que traerá a juicio a los hijos que actúan como desobedientes, a pesar de que les hemos enseñado sabiamente.

Padres e hijos deben saber que Dios no es un anciano que está en el cielo, y a quien queremos utilizar de vez en cuando, especialmente en nuestras angustias, dolores, enfermedades y temores, sino que Dios es soberano, omnisciente y por ello lo sabe todo. Debemos enseñarles que Dios es omnipotente, que tiene todo el potencial, que tiene todo el poder para ayudarnos a hacer todas las cosas que desea que hagamos. Deben saber que nuestro Dios es omnipresente, que está en todo lugar y observa nuestra conducta aunque nadie más nos vea.

Debemos enseñar a nuestros hijos que la vida cristiana no equivale a una simple asistencia a una iglesia, que Dios no está encerrado en los templos, que Dios habita en el corazón de los individuos. Que la razón por la cual nos reunimos es porque nos encontramos con personas de la misma fe, aprendemos a aceptar una autoridad espiritual sobre nuestra vida, autoridad que tiene fundamento bíblico para enseñarnos la Palabra de Dios. Deben aprender que en una congregación es donde aprendemos a desarrollar los dones y talentos que Dios nos ha dado, nos integramos a la familia cristiana y podemos cumplir la misión que Dios nos ha asignado. Allí podemos adorar y alabar a Dios en forma corporativa y establecer relaciones con personas de la misma fe en forma progresiva.

Nuestros hijos deben aprender que Dios ha determinado que la salvación la entregue nuestro Señor Jesucristo y solamente por su gracia; que Dios ha determinado que todos aquellos que le aceptan como Salvador personal pueden tener una relación personal con Él, pueden pasar a formar parte de su familia, y no solamente tener el potencial de vivir en este mundo en forma realizada, sino que debido a que han recibido la salvación tienen la vida eterna asegurada.

Nuestros hijos deben saber que no somos sólo cuerpo y emociones, sino que también tenemos un espíritu que debemos alimentar como alimentamos nuestro cuerpo, y cuidar como cuidamos de nuestra vida. Nuestros hijos deben saber que Dios está con nosotros, dispuesto a ayudarnos y a amarnos, y que Dios demanda que para que podamos vivir una vida de excelencia, debemos también estar dispuestos a vivir en obediencia.

> *Con nuestras acciones y orientación, los padres debemos guiar a nuestros hijos para que amen sinceramente a Dios y de todo corazón. Los hijos deben aprender a amar a su Creador genuinamente aunque sus padres cometan pecados y errores naturalmente.*

2. Los padres debemos modelar una vida de respeto en la vida familiar, y enseñar a nuestros hijos a que aprendan a tener relaciones interpersonales saludables. No sólo debemos unirnos en esta tarea de aprender a vivir sabiamente relacionándonos con otras personas, sino también debemos aprender a distinguir y a tener discernimiento para buscar las personas correctas, y desarrollar amistades con sabiduría.

Debemos enseñar a nuestros hijos que la vida se compone de relaciones interpersonales. Que en todo lugar y siempre tendremos que relacionarnos y que es triste y destructivo no sólo faltar el respeto a los demás, sino también permitir que nos falten el respeto a nosotros. Nuestros hijos deben aprender que deben proteger su vida mediante límites saludables que deben establecer, y también deben proteger la vida de otros, no haciendo con ellos las cosas que no queremos que hagan con nosotros.

Deben aprender que cada persona necesita aprender a tener control de su propia vida y no permitir que otras personas les controlen. Debemos enseñarles que es muy triste vivir una vida descontrolada y que para vivir como debemos, debemos aprender a vivir sujetos a alguna autoridad y a la vez aprender a desarrollar nuestras vidas con fundamento en la verdad.

Nuestros hijos deben aprender a decir no a las relaciones interpersonales enfermizas, a decir sí a las que son saludables. Deben entender que en el mundo hay personas que viven haciendo maldad, que hay otros que no pretenden hacer mal, pero su vida es pecaminosa y destructiva, y que cuando nos relacionamos con ellos podemos sufrir las consecuencias y ser influenciados lentamente por un mal estilo de vida.

> *Padres e hijos deben aprender a relacionarse con respeto, límites y prudencia para que cuando los hijos se vayan de la casa sepan relacionarse con otras personas con excelencia.*

3. Los padres debemos tener una estimación propia adecuada y enseñar a nuestros hijos a tenerla. Cuando somos niños, la fuente de aumento de nuestra estimación personal es la opinión de nuestros padres. Ellos son el espejo en el cual nos miramos. Si nos alientan, nos motivan y hablan bien de nosotros, eso creeremos, pero si nos denigran, nos insultan, nos minimizan o nos desprecian, pensaremos que no tenemos valor.

Debemos enseñar a nuestros hijos que cada vez que nos miramos en un espejo deforme, nos veremos deformes. Si nos miramos en un espejo cóncavo o convexo, nuestra imagen se verá distorsionada. Tal como nos vemos distorsionados en espejos distorsionados, así nos sentimos deformados cada vez que aceptamos las opiniones de los demás como si fueran una ley que nunca se equivoca. Cada vez que nos miramos en el espejo de las opiniones de otros y aceptamos esa imagen errónea que está siendo reflejada, la imagen que tenemos de nosotros mismos se verá distorsionada.

Sabiendo esto, los padres debemos ser muy cuidadosos de la forma como tratamos a nuestros hijos y debemos recordar que son personas con valor y dignidad. Los padres debemos modelar una autoestima equilibrada y ayudar a nuestros hijos a que tengan una autoestima saludable.

Lo antes posible debemos enseñar a nuestros hijos que el valor que se dan a ellos mismos es esencial para vivir una vida productiva y fructífera. Deben comprender que no son lo que piensan los demás que son, sino lo que Dios piensa que son. Que para tener una estimación propia adecuada deben mirarse en el espejo extraordinario de Dios que nos mira con ojos de amor y que nos conoce a la perfección.

Es esencial que nuestros hijos aprendan a amarse a sí mismos, no como ellos quieren amarse, no motivados por su orgullo o egoísmo sino por el amor divino, por el ejemplo divino, que se aprendan a amar como Dios les ama, que aprendan a ver la vida como Dios la ve, que aprendan a verse a sí mismos como Dios los ve, y que no permitan que nadie los ignore, maltrate, ridiculice, hiera, insulte, golpee o desprecie. La Biblia dice que ninguno debe tener un más alto concepto de sí que el que debe tener, sino que piense de sí con cordura, conforme a la medida de fe que le ha sido dada. Esta es una orden a pensar bien de sí mismo, a pensar con cordura, a no dejarnos convencer por lo que otros piensan de nosotros, a menos que tengan fundamento para su crítica constructiva. Esta es una orden a creer que somos personas creadas con dignidad, que Dios nos ha dado talentos, que nos acepta como somos, que somos amados, que hemos sido creados con un propósito particular y que debemos seguir las indicaciones divinas para poder vivir con excelencia.

La Palabra de Dios motiva a las personas a vivir una vida equilibrada. Tenemos que enseñarles a nuestros hijos a que se sientan bien con ellos mismos y a que se amen. Especialmente en la adolescencia y la juventud muchos se sienten insatisfechos con lo que son, principalmente por su físico. A muchos de ellos no les interesa si tienen o no muchos talentos o si los han desarrollado o no, pero sí están sumamente preocupados por su apariencia. Los padres debemos enseñar a nuestros hijos a que aprendan a amarse a ellos mismos, que entiendan que son creación divina y que tienen todo el potencial para vivir una vida saludable; que ellos pueden experimentar contentamiento siempre y cuando aprendan a verse con los ojos de Dios, y no como los ven sus amigos que muchas veces quieren ridiculizarlos. Debemos enseñar a nuestros hijos que se alejen de las personas que quieren motivarles a utilizar su inteligencia para el mal o sólo para satisfacer su anhelo de relajamiento y diversión para llevarles a extremos que pueden producir destrucción.

Los hijos deben aprender a estar contentos con su vida, su físico y los talentos que Dios les ha dado, preocuparse de sus áreas de fortaleza y desarrollarlas y determinar sus áreas de debilidad y corregirlas.

Cada persona, incluyendo a los padres y a los hijos, debe aceptar que tiene áreas de pecado y maldad, y áreas de fortaleza y dignidad y que en algún momento cometeremos errores que herirán a las personas que amamos y que las personas que amamos también son seres falibles que cometen errores que nos herirán. Pero debemos aprender a utilizar las virtudes de la evaluación de los hechos, la confrontación sabia de los problemas y la búsqueda del perdón indispensable para restaurar las relaciones rotas.

También los padres debemos enseñar a nuestros hijos a descubrir y desarrollar sus dones y talentos, decirles que Dios dio a todos el potencial de llegar a ser lo que él quiere que seamos; que a todos nos dio opiniones, deseos, valores, metas, desafíos, visión y capacidades y que todos debemos desarrollarlos.

> *Vivir con responsabilidad, así como enseñar a nuestros hijos a ser responsables y prepararlos para que asuman sus responsabilidades personales es una de las más importantes responsabilidades paternales.*

A nuestros hijos les estamos dando un excelente recurso cuando les enseñamos a vivir como personas responsables. Todos debemos entender que cada persona es responsable de su vida. Los padres son responsables de entrenar a sus hijos, pero son los hijos los responsables de adoptar y aplicar los buenos valores. Los hijos deben respetar a sus padres aunque ellos no respeten a sus hijos. Los hijos que respetan, aceptan el bien que hacen sus padres aunque rechazan el mal con sabiduría y sin faltar el respeto. Los padres deben respetar a sus hijos aunque éstos no los respeten. El respeto incluye una reacción sabia en vez de una reacción necia; incluye una confrontación firme y con gracia sin importar de que hayamos sido heridos, pues no gana el padre herido que responde con groserías o violencia que produce heridas, ni gana el hijo herido que responde con insultos o maltrato que provocan más heridas.

Los padres debemos evitar la sobreprotección y permitir que los hijos vayan asumiendo responsabilidades prácticas por sus acciones. Deben aprender a vivir responsablemente entendiendo que nuestras decisiones producen consecuencias, que para poder disfrutar de privilegios también es necesario cumplir con responsabilidades.

Cuando los padres sobreprotegemos a nuestros hijos, no les estamos enseñando responsabilidad personal; más bien les estamos enseñando a ser dependientes, y eso les perjudicará cuando intenten vivir su vida como personas independientes. Nuestros hijos deben estar preparados para cuando se vayan y para ello debemos enseñarles que son responsables de la moralidad que van a tener, del comportamiento que tendrán con otras personas en sus estudios, en su trabajo, con sus familiares. Deben comprender que son responsables del estilo de vida que adoptarán; de su felicidad personal, del valor que se dan como personas; son responsables de lo que leen, de cómo se visten, de los amigos que escogen, de los estudios que realicen, de los trabajos que tengan. Los padres y los hijos debemos comprender que mientras mejores principios enseñemos y modelemos y mientras más principios aprendan y practiquen, más fácil y exitosa será la vida que viviremos.

Nuestros hijos deben abandonar el hogar con un gran equilibrio. No deben irse al extremo de creer que sirven para todo, pues somos seres humanos falibles y cometemos errores y nuestra falta de expectación nos llevará a la frustración.

Tampoco deben salir del hogar creyendo que no sirven para nada, pues somos seres humanos creados por Dios con inteligencia y potencial para ser las personas sabias y productivas que Dios planificó que seamos.

Capítulo III

Los padres y sus adolescentes: Malabaristas que necesitan mucho entrenamiento

No todos los niños pasan de la infancia a la adolescencia
y de la adolescencia a la juventud sin experimentar algún
tropiezo en su camino, ni todos los padres cumplen la
función de modelar excelentes valores morales y de entrenar
a sus hijos para vivir vidas excelentes. Para que todos los
miembros de la familia vivan con contentamiento, todos
deben prepararse para relacionarse bien mediante un buen
entrenamiento.

Cada niño es único y especial. Algunas veces se tienen que enfrentar a emociones, a sentimientos y a comportamientos que causan problemas en sus vidas y en las vidas de aquellos que los rodean. Las familias a menudo se preocupan cuando su niño o adolescente tiene dificultad para enfrentar las situaciones, cuando se siente triste, cuando no puede dormir, cuando se involucra en drogas o cuando no puede cumplir eficientemente con sus obligaciones escolares ni relacionarse bien con la familia o sus amigos. Esos niños necesitan entrenamiento para la vida. Cada padre ha sido formado de manera distinta, es un ser humano con defectos y que no nace preparado para ser un buen padre. Esos padres necesitan entrenamiento para vivir y para entrenar a sus hijos para vivir.

En un programa de televisión fui testigo de los estragos, las luchas, la tensión y el nerviosismo que experimentaba un malabarista que trataba de romper su propio récord de tener la mayor cantidad de platos girando sobre varillas, por el más largo tiempo.

El espectáculo era impresionante; mientras más pasaba el tiempo más obligaciones tenía el malabarista, y mientras más aumentaban sus responsabilidades, más difícil era la labor que desarrollaba y más fuerte la tensión que experimentaba.

Pese a su preparación, aquel hombre no podía evitar la tensión; y nosotros los televidentes, sin tener ninguna responsabilidad en el desarrollo de esa tarea, sólo por observar, en determinados momentos, nos sentíamos tan involucrados con la tensión que él experimentaba que algunos comenzamos a gritar: «¡Que se le cae uno! ¡Que se le cae el otro! ¡Cuidado, allá!» Todos los que estábamos observando gritábamos frente al televisor aunque el malabarista no nos escuchara. Tratábamos de darle alguna voz de aliento, y entre los desesperados estaba el nervioso público presente.

Observé que a pesar de su buena preparación, el malabarista no podía evitar dos cosas: la tensión personal y la presión de la gente. Pensé que ésta era una buena analogía de nuestro camino por la vida. Los padres y también los hijos vivimos con esas mismas tensiones. Los padres nos convertimos en malabaristas en nuestras familias tratando de tener todos los platos llenos y girando. Sin duda, el vivir en familia y tratar de ser buenos modelos y guiar a nuestros hijos no es una tarea sencilla e involucra mucha tensión. La presión personal por nuestro mundo de involucramiento en una variedad de responsabilidades y la presión externa que nos empuja a hacer algo, aunque no siempre sea lo correcto, son los mismos factores que el malabarista enfrentaba y los que nosotros enfrentamos en esta ardua tarea.

Hoy vivimos en un mundo donde adquirimos más responsabilidades que las que podemos soportar saludablemente y tenemos más tensión que la que necesitamos para vivir saludablemente. Hoy vivimos en un mundo que exige una mayor preparación para poder ser los padres que debemos ser y que exige de los hijos hacer un esfuerzo extra para no ser absorbidos por el mundo de sano entretenimiento, y destructivas pasiones que producen tanto sufrimiento. Por ello, en cada capítulo intento compartir con ustedes algunas enseñanzas prácticas para que padres e hijos puedan identificarse y mientras avanzan en la lectura de este libro se vayan dando cuenta que existe una batalla que debemos pelear, que existen grandes desafíos que debemos confrontar, que en la sociedad hay inmensas tentaciones que pueden destruir no sólo nuestras vidas, sino también nuestras familias. Intento que comprendan que es un error tratar de lidiar con la batalla que existe en las relaciones familiares sin preparación y que nos destruimos cuando en vez de ponernos de acuerdo para atacar los problemas, debido a nuestra mala actitud terminamos atacando a las personas. No lograremos sobrevivir en la conflictiva sociedad teniendo relaciones familiares conflictivas.

En este libro quiero que me comprendan que es esencial que entiendan lo difícil que es la vida y la necesidad de unidad y apoyo mutuo que existe. Quiero que en vez de creer que podemos vivir en familias saludables tomando decisiones personales enfermas, padres e hijos crean que debemos batallar y luchar para que no nos influencien los virus de la irresponsabilidad, de las drogas, de la rebelión, de la violencia, del maltrato, de la falta de integridad, de la deshonestidad y de la creciente inmoralidad. Esa es la razón por la que quiero que padres e hijos se mantengan unidos en esta gran meta de lograr tener una vida personal fructífera para que la paz y la realización de nuestra familia estén aseguradas.

Los padres y los hijos debemos unirnos para no permitir que los virus de la irresponsabilidad, de las drogas, de la rebelión, de la violencia, del maltrato, de la falta de integridad, de la deshonestidad y de la creciente inmoralidad produzcan en nuestra vida personal una terrible enfermedad. Es un acto de necedad creer que podemos vivir en familias saludables tomando decisiones personales enfermas.

Para ayudarles a ponerse de acuerdo para atacar los problemas, prevenir los conflictos que se pueda y tener una actitud de unidad para enfrentar los desafíos que existen para poder tener una familia saludable, me enfocaré en algunos versículos bíblicos que al ser aplicados por padres e hijos producirán excelentes resultados.

La sabiduría clama en las calles

Siempre que leía las palabras del proverbista me producían un signo de interrogación, pues en realidad y a simple vista no vemos mucha sabiduría en las calles de nuestras ciudades. Especialmente si observamos escenas de pobreza, de violencia, a caminantes despreocupados, de indiferencia, de mendicidad, a choferes que no respetan las luces rojas de los semáforos, peatones que cruzan fuera de las zonas peatonales, asaltos, robo, violencia, drogadicción, etc. no tenemos mucha oportunidad de pensar que se aplique a nuestra realidad el escrito del proverbista que dice: «La sabiduría clama en las calles, alza su voz en las plazas» (Proverbios 1.20).

Cuando estudié más profundamente este proverbio me di cuenta de cuánta verdad encierra. En muchas ocasiones tengo la oportunidad de estar en la Plaza de Armas o en el Paseo Ahumada en Santiago, la capital de Chile. Allí, diariamente aparecen filósofos, charlatanes, artistas de la calle, humoristas que intentan llamar la atención; y mucha gente se reúne en torno a ellos.

En una oportunidad escuché un diálogo interesante entre un hombre que discutía su gnosticismo con gente del público que hacía conocer su fe. Era un diálogo duro, fuerte, pero respetuoso; y en un momento quise asociar esas experiencias con la revelación bíblica que dice que la sabiduría clama en las calles; pero me di cuenta de que esas personas no estaban compartiendo sabiduría sino su conocimiento.

He visitado cárceles en distintos países y he recorrido sus calles internas y también me he preguntado si allí podría existir algo de sabiduría. He visitado las zonas céntricas de grandes ciudades como Nueva York, Los Angeles, Dallas, Houston, Miami, áreas conocidas como los *downtown*. Allí, en medio de impresionantes rascacielos, hay indigentes rascándose su infectado cuerpo y cerca de los edificios con lujosas oficinas de prósperos hombres de negocios existen desamparados que duermen entre cartones y su vida es un mundo de adicciones. También me he preguntado si podría existir sabiduría en esas plazas y en esas calles.

Sin embargo, en una triste experiencia, recibí un mensaje que cambió mi manera de pensar. Después de pensar seriamente me di cuenta y debo decir a los padres y a los hijos que son los lectores de mi escrito, que sí existe sabiduría en las calles y en las plazas y ésta alzará su voz para gritarnos determinadas verdades que debido a que no son personales y son tan comunes, nunca llegarían a nosotros.

Hace algunos años, junto a mi esposa e hijos viajábamos en el automóvil por nuestro vecindario. Antes de entrar a la carretera en la ciudad de Brea, en Estados Unidos, a la orilla del camino estaba un muchachito de unos catorce años. Un hermoso adolescente blanco, rubio, de ojos azules penetrantes. Vestía andrajos; tenía el pelo totalmente enredado y sucio, y portaba un letrero solicitando dinero. Quienes somos padres y tenemos hijos de la misma edad y amamos a la familia no podemos evitar el terrible dolor que sentimos al ver la lamentable realidad que muestra la vida destruida de un adolescente. Fue mucho más la tristeza cuando mis hijos me dijeron que ese niño mendigo había sido su compañero de estudios en la escuela.

La experiencia fue impresionante pero se convirtió en mucho más impactante cuando después de unas semanas, mientras paseábamos por las calles de Hollywood junto a mi esposa y familia, lo volvimos a encontrar tirado en el suelo, probablemente drogado, o borracho. Era una escena conmovedora, pero que nos entregó una sabia enseñanza. Mi esposa y yo aprovechamos la oportunidad para hablar con nuestros hijos sobre las consecuencias de las malas decisiones y vino a mi mente ese maravilloso proverbio que dice «La sabiduría clama en las calles, alza su voz en las plazas».

En las calles de su ciudad caminan drogadictos y sus vidas destruidas gritan a los jóvenes: «No se metan en el mundo de las drogas pues este es su final». La sabiduría clama en las calles cuando un muchacho de una linda familia decide involucrarse en la drogadicción que lo llevará a vivir como un indigente. La sabiduría gritaba: «No hagan ustedes lo que yo hice, decidan bien; ustedes tienen padres que les aman y les ponen reglas porque desean lo mejor para ustedes; no prefieran la rebelión pues les llevará a este mundo de locura e intoxicación». Desde la vereda de cemento donde ese muchachito yacía intoxicado, la sabiduría les gritó un gran mensaje a mis hijos.

En cada calle, en cada plaza, en cada vecindario, en cada familia donde existe un drogadicto, una adolescente embarazada, un hijo en la cárcel, una prostituta, un hijo parapléjico a causa de haber estado manejando embriagado, en cada uno de esos lugares la sabiduría clama por ser escuchada.

Como consejero tengo la oportunidad de interactuar con muchas personas, y evaluar la situación de quienes buscan mi consejo. Usted no sabe cómo sufro en ciertas ocasiones para poder dar la respuesta apropiada y orientar a quienes están viviendo las consecuencias de haber rechazado las palabras de sabiduría que provienen de personas que les aman. A veces debo hablar con autoridad y firmeza y exigir que las personas sigan los consejos o no les aconsejo más. Algunas personas esperan que uno sólo las escuche y las comprenda y sienta dolor por el dolor que sufren, pero no quieren que les exhorten ni les den tareas que cumplir para salir de las experiencias destructivas que están viviendo. Algunos padres que están sufriendo y algunos adultos en conflicto en su relación conyugal no vuelven pues no quieren consejos sino que los escuchen; no vuelven pues quieren que se los comprenda, pero que no los exhorten ni controlen para ver si están siguiendo fielmente las instrucciones. Esas personas nunca pueden salir de sus situaciones problemáticas o algún día se darán cuenta que para poder salir de los conflictos hay que buscar ayuda, adquirir conocimiento, seguir las instrucciones y ser consistentes con las decisiones que se toman. Así, hay padres que creen que pueden salir bien de los conflictos sin prepararse e hijos que creen que pueden vivir sabiamente sin que se les exhorte y corrija amorosa pero firmemente.

Uno de mis clientes me llamó para darme las gracias después de algunos meses de haber dejado de buscar mi consejo. Me dijo algunas impactantes palabras. «Cuando mi esposa estaba cometiendo adulterio, después de unas sesiones y después de que mi esposa reincidía, usted me dijo: "Tú no puedes cambiarla. No importa lo que hagas, ella va a seguir siendo infiel, si así lo decide. Podrás llorar, gritarle, maltratarla, buscarla, seguirla, intimidarla, suplicarle y ella seguirá haciendo lo que ha determinado hacer". Esas palabras me dolieron y no quise volver a conversar con usted. Usted oró por mí, pero no me dejó la idea de que eso era suficiente. Usted, a diferencia de otros, no me dio respuestas de cliché ni me citó versículos bíblicos que había escuchado por tantos años. Usted me hizo ver la realidad y me enseñó a asumir mi responsabilidad y no la responsabilidad que le correspondía a mi esposa. Después de cada sesión yo pensaba que usted era un hombre bueno, pero seco, tal vez sin sentimientos y sin compasión; pero con el paso del tiempo, y al ver la realidad de que mi esposa, efectivamente, continuó en su estilo de vida pecaminoso, a pesar de todo lo que yo hice en contra de los consejos que usted me dio, seguía en su estilo de vida y a pesar de expresar deseos de salir de su relación adúltera seguía en ella. Hoy más que nunca entiendo que, aunque sus palabras fueron duras, eran sabias, y yo necesitaba escuchar eso para entender mi real situación y evitar más conflictos en mi vida y mi autodestrucción. Usted me hizo entender que no era mi esposa quien estaba destruyendo mi vida, sino que yo me destruía por no responder sabiamente frente a las decisiones pecaminosas de mi esposa».

No es posible ser sabios y rechazar los consejos. Ni padres ni hijos pueden enfrentar la vida con sabiduría si no aceptan las exhortaciones y no actúan sabiamente.

La sabiduría verdaderamente clama en las calles y nos pide a gritos que nos alejemos de la imprudencia y la necedad.

Yo he aprendido sabiduría de ustedes, de los que leen mis libros y me escriben contándome su dolor y su victoria al aplicar las enseñanzas.

He aprendido de los que escuchan mi programa de radio y me comentan sus experiencias de triunfos o de derrotas.

Por eso, cada experiencia suya me enseña. La sabiduría clama en ustedes, me ha gritado al escuchar sus experiencias dolorosas, me ha enseñado que no debo cometer los mismos errores y que debo enseñar a otros a no cometerlos. La sabiduría clama, alza su voz en las preguntas que ustedes realizan, como muchas de aquellas que me motivan a pensar profunda, bíblica, honesta, certera, clara y prácticamente.

Si usted ama a la gente, y ama a Dios, como es mi caso, las preguntas no pasan desapercibidas. Quisiera poder contestarlas todas, pero es imposible responder a tanta necesidad de personas que están sufriendo porque no escucharon a sus padres, o padres que no escucharon el consejo de líderes que los orientaron.

La sabiduría clama en las calles, alza su voz en las plazas. Allí hay sabiduría. Nos enseña que si queremos vivir una vida de éxito matrimonial, que si queremos ser un cónyuge fiel es esencial vivir como padres realizados y con un corazón lleno de paz. Es indispensable prepararnos, establecer convicciones, vivirlas y enseñarlas a nuestros hijos. Al mirar en la calle a los adolescentes que son arrestados, a los jóvenes que tienen y provocan fatalidades por conducir en estado de ebriedad, a aquellos que viven de mendicidad, a quienes pierden sus familias por su vida destruida por las dependencias, obtenemos un mensaje lleno de sabiduría y un llamado a actuar con prudencia. El mensaje es: Queridos padres, amen a Dios, adquieran principios y valores para vivir sabiamente, modelen una vida de integridad, orden y disciplina y enseñen ese estilo de vida a sus hijos, exigiendo con amor y autoridad que se sometan a los valores que ustedes han adoptado como padres y que tienen la obligación de respetar mientras sean menores de edad o estén viviendo en casa. El mensaje que en esas experiencias la sabiduría entrega a los jóvenes es que determinen acumular principios y valores morales en su vida, determinen amar al Dios que ama la vida, determinen unirse a sus padres en su tarea de vivir bajo un sistema de orden, disciplina, amor y respeto en la vida familiar y podrán luchar con fortaleza contra los enemigos de su vida saludable y del propósito de Dios para sus vidas.

> *De las calles, plazas, hospitales, cárceles, y de las relaciones familiares destruidas salen mensajes de gran sabiduría que motivan a los padres y a sus hijos a vivir amando a Dios, con altos valores morales y con una actitud positiva y de unidad para evitar las consecuencias lamentables de una vida rebelde.*

Instruye al niño en su camino

Otro mandamiento bíblico que deben tener en cuenta los padres y los hijos que desean vivir una vida saludable y disfrutar de amor y respeto en su relación de familia es el proverbio que dice: «Instruye al niño en su camino y aun cuando fuere viejo no se apartará de él» (Proverbios 22.6).

Esta es una gran verdad que he explicado en detalles en mi libro *¿Cómo puedo disciplinar a mis hijos sin abusar de ellos?* Estoy convencido que es esencial que los padres entendamos que debemos entrenar a nuestros hijos para que puedan elegir vivir su vida con excelencia. El mensaje no es que instruya al niño en mi camino, sino en el camino de él. Esto tampoco significa que debemos permitir que el niño elija el camino que quiera. El camino del niño es la inclinación que Dios determina y pone soberanamente en la vida de cada persona. Son inclinaciones únicas que hacen única a cada persona. Son tendencias, disposiciones, propensiones que Dios puso en cada niño y que deben ser descubiertas, no creadas, sino descubiertas por los padres para poder guiarle a que siga su proceso de desarrollo con énfasis en los dones y talentos y el potencial que Dios le dio para que sea lo que Dios quiere que sea. Esto no lo sabe el niño ni lo sabe el padre. Esto lo pone Dios y los padres deben descubrirlo y ayudar a sus hijos a que lo descubran y guiarles para que amen ser lo que Dios quiere que sean. Somos nosotros los responsables de conocerlos tan profundamente, y orientarlos tan sabiamente, que les permitamos y les ayudemos a desarrollar sus habilidades. Debemos instruirlos en su camino, en las inclinaciones que Dios puso en ellos para que lleguen a ser no lo que nosotros queremos que sean, sino lo que Dios planificó que deben ser.

Una vez más mi énfasis es que los hijos deben entender también esta verdad. La responsabilidad de sus padres no es solamente proveer para sus necesidades físicas y económicas. Ellos no sólo deben proveer de techo, abrigo, alimentación y protecciones, sino que también deben aprender a ser padres que guían a sus hijos no basados en sus ideas sino en las ideas que Dios tiene para la familia. Deben proveer para sus necesidades integrales y eso incluye la necesidad de tomar tiempo para pasar con sus hijos, conocerlos en sus juegos, luchas, derrotas, aciertos y fracasos. Es labor de los padres entregar principios y exigir que sean practicados. Es labor de los padres enseñar, guiar, motivar, obligar a los hijos a someterse a las reglas de disciplina bíblica y justa que ellos con la ayuda de orientación y personas sabias han establecido. Es labor de los padres vivir con altos valores morales y con gran amor y respeto aunque no les guste y deban aprenderlo y vivirlo como si nunca antes lo hubieran aprendido. Es deber de los hijos obedecer con amor y respeto y someterse a las reglas establecidas para lograr el desarrollo normal y la convivencia pacífica de su familia, sea que les agrade o no.

Para poder instruir al niño para que desarrolle su vida de acuerdo a las inclinaciones, el potencial y los dones que Dios soberanamente puso en él, los padres deben cumplir su labor y los hijos deben cooperar siguiendo las instrucciones bien pensadas, con buen fundamento y con gran sabiduría que entregan los padres para que puedan vivir una vida realizada y productiva.

Los padres y los hijos debemos entender que no estamos en una batalla para ganar el control sino en un proceso de descubrimiento y de orientación permanente, para que nuestros hijos entiendan y cumplan la razón de la existencia, desarrollen el potencial que Dios les ha dado en sus dones, talentos e inclinaciones distintivas que les hacen únicos, para que así sean lo que Dios quiere que sean y no lo que nosotros o ellos quieren ser.

El que anda con sabios, sabio será

Otro proverbio impresionante y ajustado a la realidad es el que reza: «El que anda con sabios sabio será, mas el que se junta con necios será quebrantado» (Proverbios 13.20).

Para tomar decisiones correctas en cualquier área de la vida se necesita un cierto grado de madurez. Elegir las amistades no es una excepción. La relación con las personas tiene influencia en nuestras vidas. Las amistades, las personas con quienes nos conectamos no son neutrales, por eso la relación de padres e hijos es tan importante y esencial para el proceso de desarrollo saludable. El compartir con los padres, el convivir con los hijos, el corregirnos con amor y orientarnos con inteligencia debe ser parte de las relaciones familiares. Cuando existe sabiduría en una relación, todos ganan; cuando existe necedad todos pierden. La asociación de los miembros de una familia cumple un papel importante en el desarrollo de la moralidad y las buenas costumbres de las personas. Nuestros hijos nunca estarán listos para enfrentar aquello para lo cual no han sido preparados.

Una de las razones por la que la adolescencia produce tanta turbulencia es, en primer lugar, porque por primera vez nuestros hijos sienten el deseo, la necesidad y la responsabilidad de hacerse cargo de sus vidas, y de los desafíos para los cuales no están preparados. Seamos honestos, nuestros hijos no están preparados para la vida. Seamos sumamente honestos, a nosotros nadie nos preparó, o tal vez sí en algunas honrosas excepciones.

El malabarista terminó abrumado por los desafíos y la presión; parecía que por momentos se divertía tremendamente, pero sin duda la energía que gastaba era tan grande que terminó exhausto. De la misma manera, los padres y los hijos vivimos abrumados.

Lamentablemente, los jóvenes abrumados generalmente no responden bien a la vida. En realidad, nadie responde bien a la vida abrumado; los padres tampoco. Nos mezclamos en una serie de trabajos por salir de la presión que tenemos; presión que a veces nosotros mismos provocamos: pagos que hacer, compromisos que hemos adquirido y que son nuestra responsabilidad cumplirlos.

Padres abrumados eligen la irresponsabilidad, las dependencias; así también los jóvenes abrumados. Por eso, los hijos deben comprender que lo que les pasó a sus padres también les puede pasar a ellos, y puede pasarles algo más grave, y los padres también deben comprender que lo que están viviendo sus hijos también lo vivieron ellos.

A veces, los jóvenes abrumados se mezclan en drogas u otras dependencias. Por supuesto que ellos no han tenido ni tiempo ni la experiencia necesaria como para madurar, y todavía no tienen la capacidad de ver la vida desde una perspectiva experimentada; algunos son niños o adolescentes, y hacen su mejor esfuerzo para enfrentar los desafíos, pero no están capacitados.

Por eso, como padres tenemos la inmensa responsabilidad de hablar francamente con nuestros hijos; pensar en los desafíos que experimentan y en las dificultades que enfrentarán: el dolor, la angustia que provocan los cambios, los sentimientos de soledad.

Los hijos también deben pensar que los padres tienen un profundo amor por ellos. La gran mayoría de los padres tienen en su mente el bien para sus hijos. No he conocido a un padre normal que tenga en mente el mal de sus hijos; así que los padres también están sufriendo; sufren porque quieren guiar a sus hijos por el camino del bien, y entrenarlos para la vida en forma sabia.

Las amistades, las personas con quienes nos conectamos no son neutrales, más bien tienen una gran influencia. Por ello la relación padres-hijos es tan importante e inevitable en el proceso de desarrollo saludable. Cuando existe sabiduría en una relación, todos ganan; cuando existe necedad, todos pierden. Padres e hijos debemos tener una relación que se caracterice por la sabiduría con que nos relacionamos pues sólo así los habremos preparado para la vida. Nuestros hijos nunca estarán preparados para enfrentar aquello para lo cual no han sido capacitados.

El avisado ve el mal y se esconde

Los padres debemos enseñar a nuestros hijos para que tengan la capacidad de vivir vidas fructíferas y realizadas, pero no solamente mientras están con nosotros sino cuando se hayan ido. Por eso debemos prepararles para que tengan una gran capacidad de no solamente reconocer el mal con facilidad sino también para evitarlo con prudencia. Nuestra labor es guiarles para que tengan una mentalidad proactiva y una gran capacidad reactiva. Somos sabios cuando nos anticipamos a los hechos, cuando tomamos medidas de planificación e implementación de planes, pero también de respuesta frente a los peligros inevitables.

La vida está llena de peligros para ellos y para nosotros. Debemos prepararnos para saber enfrentarlos.

Este proverbio reza: «El avisado ve el mal y se esconde, mas los simples pasan y reciben el daño» (Proverbios 22.3). Es imposible enfrentar la vida con éxito si no se tiene la preparación adecuada. No podemos actuar con prudencia sin habernos preparado con excelencia, porque nadie puede ver lo que no está preparado para ver.

El avisado es la persona que se ha entrenado. En palabras sencillas, aquel que tomó el aviso se dio cuenta de lo que venía. El avisado se prepara para saber lo que puede venir y toma determinaciones que le permitan evitar lo destructivo. El padre prudente sabe que su paternidad no será fácil, que necesita preparación y da los pasos necesarios para prepararse. Los padres prudentes anticipan los peligros, las presiones y tentaciones que sus hijos enfrentarán y harán sus mejores esfuerzos para prepararles. Los hijos prudentes saben que no saben vivir. Que la vida demanda mucho más de su nivel de conocimiento y les exige que respondan con más madurez que la que hasta el momento han alcanzado. Eso les motiva a aceptar el consejo y las correcciones de las autoridades que les aman. Los jóvenes prudentes entienden que existe un mundo de peligros, adicciones, presiones y desvíos que deben evitar y que para hacerlo se deben preparar. Los padres y los hijos prudentes ven el mal antes que ocurra y se esconden. Los jóvenes y padres prudentes conocen sus limitaciones, sus debilidades y reconocen su vulnerabilidad a determinadas tentaciones.

El avisado es la persona que tiene discernimiento; y el discernimiento es la capacidad de distinguir entre lo bueno y lo malo; entre lo peligroso y lo seguro; entre lo moral y lo inmoral; entre lo humano y lo divino; entre la responsabilidad y la irresponsabilidad, y muchos ejemplos más. El avisado es quien ha buscado, ha encontrado y se ha apropiado de la información con respecto a un hecho futuro y, por lo tanto, está alerta a lo que pueda ocurrir. El avisado ha tenido la preocupación de leer los letreros para la vida. El avisado no sigue letreros que él se invente sino los letreros divinos. El avisado entiende que el sistema de tránsito de la vida no es creado por los hombres sino por Dios y que, por lo tanto, los letreros puestos por Dios son importantes, seguros y es nuestro deber seguir las instrucciones.

Los simples son aquellos que ven la vida netamente desde un punto de vista horizontal. Siguen sólo su criterio. No tienen mayor interés en los grandes valores morales. Viven basados en sus ideas. No les interesa lo que Dios mande u ordene. Los simples pueden leer la Biblia, pero no aplican las enseñanzas en sus vidas. El joven simple puede creer que es malo delante de Dios tener relaciones sexuales prematrimoniales, pero las tiene. El padre simple puede creer que un cristiano debe vivir con integridad y respetando a sus hijos, pero no lo hace. Este individuo no está preparado para enfrentar la vida; y cuando la enfrenta en forma simplista recibe el daño. Los padres e hijos prudentes no sólo viven, sino que se preparan para vivir. No sólo se preocupan de evitar el daño que pueden realizar a los demás, especialmente a la familia que aman, sino también el daño que se pueden realizar a ellos mismos.

Es imposible enfrentar la vida con éxito sin tener la preparación adecuada; por eso, tanto padres como hijos necesitamos prepararnos porque nadie logra el éxito viviendo como un fracasado.

Es imposible enfrentar la vida con éxito si no se tiene la preparación adecuada. No podemos actuar con prudencia sin habernos preparado con excelencia, porque nadie puede ver lo que no está preparado para ver. El avisado es la persona que se ha entrenado para actuar prudentemente evitando todo lo que hace daño a su cuerpo, a su espíritu y a su mente. El simple es quien determina vivir su vida guiado por emociones y no por convicciones y sin adquirir sabiduría para evitar las cosas que pueden destruirlo.

El que «quiera ser amigo del mundo, se constituye enemigo de Dios» (Santiago 4.4). Este pensamiento bíblico asegura que es imposible servir a dos señores. Y en la vida práctica, todos hemos sido testigos de esa gran verdad. No podemos hacer el bien y el mal a la vez. No podemos vivir como padres descuidados y tener cuidado de nuestros hijos. Nuestros hijos no pueden vivir con una actitud de rebelión hacia sus padres y producir en ellos felicidad y satisfacción. Por eso, es esencial que padres e hijos elijan cómo van a vivir. Podemos elegir entre vivir sometidos a la presión de la mayoría, a las ideas de otros o amando lo que es popular aunque sea inadecuado, o podemos elegir vivir con convicciones personales bien fundamentadas en altos valores morales, haciendo lo que debemos aunque no nos guste y siguiendo los principios divinos aunque sean impopulares.

La gran batalla que tiene que enfrentar toda persona es elegir quien será su señor. Es que todos somos esclavos del amo que elegimos. Usted puede elegir la presión del mundo, sus principios y valores morales humanos y pasajeros, o puede elegir sus convicciones basadas en los mandamientos divinos que son siempre buenos y eternos.

Por eso, la Biblia dice que «el que quiera ser amigo del mundo se constituye enemigo de Dios». Esto no significa que Dios se oponga a que tengamos amistad con las personas de este mundo. Esto significa que Dios no quiere que el sistema de pensamiento que domina nuestra cultura y que está basado en el humanismo, en la religiosidad o que está movido por las pasiones humanas, sea nuestro amigo. Cuando adoptamos la moralidad sin fundamento bíblico y que no toma en cuenta los valores divinos, nos constituimos en enemigos de los principios establecidos por Dios para la convivencia humana.

Quien adopta la atractiva moralidad del mundo en que vivimos y no tiene su fundamento en los altos valores divinos sino en las bajas pasiones humanas y como consecuencia rechaza los valores divinos saludables, se constituye en un enemigo del Dios que quiere hacer el bien y que quiere tratarlo como un verdadero amigo.

El sistema de pensamiento del mundo, el pensamiento mayoritario puede presionarnos para que aceptemos el aborto como una sencilla elección de la persona, pero el sistema de pensamiento basado en la Biblia nos manda que lo rechacemos. Somos amigos de Dios cuando lo rechazamos. Cuando aceptamos el sistema de pensamiento que permite el aborto, nos hacemos amigos de ese pensamiento del mundo y nos convertimos en enemigos del pensamiento divino que protege la vida y que determina que ninguna mujer tiene el derecho de terminarla.

Es difícil no ser abrumado por el cautivante sistema de pensamiento mundanal pues apela a nuestras pasiones. Nos ofrece gratificación inmediata, satisfacción de pasiones poderosas y una vida de diversión sin restricciones. Es fácil aceptar esas tentadoras ofertas. Padres e hijos somos tentados en nuestras áreas de debilidad. Para los padres puede ser el consumismo, el materialismo, el adulterio o la vida independiente y para los jóvenes una vida de diversión sin límites, la homosexualidad, el aborto, las relaciones sexuales antes del matrimonio o la liberalidad en su sexualidad.

El sistema de pensamiento mundanal es atractivo y se mete sutilmente. Todos los esposos sabemos que no debemos ser infieles a nuestras esposas, pero algunos deciden serlo y destruir su relación conyugal. Todos los jóvenes cristianos saben que no deben tener relaciones sexuales prematrimoniales, pero hay muchos que las tienen y destruyen su moralidad personal. Cuando esto ocurre, ganó el sistema de pensamiento basado en la filosofía del mundo que nos motiva a vivir con valores relativos y nos enseña que si deseamos tener relaciones sexuales fuera del matrimonio, si el novio y la novia están de acuerdo, nadie debe juzgarlos o condenarlos, pues es su decisión personal y cada individuo es el capitán de su destino. Dios nos dice que debemos declararlo a Él como el amo de nuestras vidas, que debemos elegirlo a Él como Señor pues Él nos creó y sabe lo que es bueno, necesario e imprescindible para que vivamos vidas fructíferas y realizadas.

¿Sabe usted que Dios no acepta el adulterio y nos dice a los padres que es honroso el matrimonio y la cama que no se contamina?

Cuando decidimos ignorar los principios divinos que nos ordenan vivir en una relación de fidelidad, nos constituimos en enemigos de los valores morales divinos y eternos y amigos de los valores morales humanos y pasajeros. ¿Sabe usted que las relaciones sexuales antes del matrimonio son condenadas por Dios y vivirán las consecuencias físicas, emocionales y espirituales los que las practican? Los jóvenes cristianos conocen esta verdad y entienden que Dios nos dice que huyamos de las pasiones juveniles, que si decidimos hacernos amigos de la filosofía mundanal que convence a los jóvenes que si tienen relaciones sexuales utilicen condones para evitar las consecuencias o si queda embarazada la chica utilice el aborto para ocultar su pecado, nos convertimos en enemigos de los principios divinos para la vida y nuestro Dios justo no puede pasar desapercibida la rebelión que nos lleva a la destrucción y por lo tanto, tendrá que actuar por nuestro bien como un Dios de justicia, que es un Dios de amor pero también fuego consumidor; que perdona todos nuestros pecados cuando nos arrepentimos sinceramente, pero no necesariamente elimina las consecuencias totalmente.

Nuestro Dios amigo nos ama, pero es justo y cuando decidimos amar la filosofía apasionada del hombre que va en contra de las leyes divinas, nos disciplina con justicia. Dios perdona todo pecado cuando nos arrepentimos con sinceridad, pero no siempre elimina todas las consecuencias que obtenemos debido a nuestra maldad.

Tendemos a ignorar como Dios obra y como debemos obrar nosotros pues la filosofía mundanal se mete en la mente lentamente y va impactando el corazón en forma consistente. Ese atractivo sistema de pensamiento promovido por una sociedad, autoridades y líderes humanistas, agnósticos, ateos, liberales y religiosos que no viven la fe que dicen tener apela al gusto del individuo y sus pasiones. Ese deseo de satisfacción de nuestros deseos naturales fuera del plan divino es desafiado por un sistema que ofrece libertinaje, que ofrece que nuestros gustos serán saciados, que tendremos la satisfacción que tanto buscamos. Debido a que toca nuestros más grandes delirios y emociones se convierten en pasiones dominantes y cuando no las podemos controlar ignoramos concientemente los principios que habíamos adoptado.

Vivimos épocas de grandes avances técnicos y de comunicaciones excepcionales, pero también vivimos momentos del más grande retroceso en la moralidad. Existe un ataque planificado y consistente contra todo lo que ponga reglas divinas a la moralidad humana. Los que no creen en Dios y los que sólo son religiosos que tienen un Dios de ritos y temporadas pero que no tienen permiso para influenciar su moralidad, adoptan, enseñan, promueven y presionan para que ese sistema dependiente de los gustos personales sea el que determine las leyes de la sociedad. La filosofía liberal deja al individuo como responsable de creer y determinar su moralidad; para ellos, lo más importante es su conciencia. La única regla de conducta que tienen son sus ideas; y su regla de fe son sus pensamientos; por lo tanto, cada persona se convierte en el señor de su vida. Cuando elegimos vivir así, quedamos sin una brújula moral confiable y sin leyes universales de moralidad. Cuando la persona elige vivir con valores relativos no tiene interés en Dios ni elige una espiritualidad saludable que le permita creer que alguien más poderoso que nosotros es nuestro Creador, que no somos producto de la nada, que no somos el resultado de energía que se une al azar, sino creados con propósito y por un Creador que existió y que sigue existiendo. Un Creador que estableció todas la cosas y les dio propósito y que declara que pueden vivir una vida fructífera y realizada, no los que siguen sus pasiones humanas sino quienes eligen someterse a las convicciones divinas.

Para que sus criaturas vivan realizadas, Dios estableció principios y valores eternos, no temporales, no creados por los hombres; principios y valores que no dependen de los gustos e ideas cambiantes de las personas, sino verdades absolutas, basadas en Dios, cuya aplicación no sólo hace bien a las personas, sino a toda la humanidad.

La filosofía liberal deja al individuo como responsable de creer y determinar su moralidad. Su brújula moral es su conciencia, su única regla de conducta son sus ideas; y su regla de fe son sus pensamientos. Cada persona se convierte en el señor de su vida y queda sin una brújula moral confiable. Sin leyes universales basadas en Dios y su verdad, la persona no está limitada por leyes de alta moralidad sino por su naturaleza pecaminosa que puede moverle a hacer un gran bien o a saciar su pasión y maldad.

La información sobre la batalla moral que tendrá todo joven debe ser provista por los padres en forma constante y consistente. No debemos dejar que la conciencia moral sea formada por personas ajenas a nuestros valores, sea por comodidad o descuido. Se requiere tiempo y dedicación así como adoptar valores morales altos que nosotros mismos debemos modelar. Es muy fácil dejar que la televisión, las películas, las escuelas, y todo el sistema inadecuado de información de los amigos, sean los encargados de compartir ideas y pensamientos, y aun presionar para que nuestros hijos adopten su sistema de vida. Los padres no debemos permitir que el lugar preponderante en la enseñanza de los principios divinos de alta moralidad lo asuma la sociedad. No podemos impedir que la sociedad enseñe pues tiene todos los medios de comunicación a su servicio y la mayoría de los profesores, amigos, familiares de uno prefieren no tomar en serio a Dios y sus principios, pero nosotros debemos ganar la delantera y ser más insistentes, consistentes y dedicados para poder tener una mayor influencia en la formación de los valores de nuestros hijos. Los principales educadores y maestros de los hijos no deben ser los extraños, sino los padres. Los discípulos sabios de las enseñanzas morales de sus padres deben ser los hijos que determinan vivir en obediencia y no guiados sólo por las presiones de la sociedad, los amigos y su propia conciencia.

Lamentablemente, la mayoría de los padres no cumplen esta labor esencial pues no es una tarea fácil. Los valores y el carácter piadoso no se enseñan por medio de un solo evento, o por conversaciones improvisadas; la solución es entablar conversaciones planificadas. Los padres primeramente deben dedicar tiempo para aprender y tener la suficiente información, pues ésta, mezclada con una excelente actitud y un estilo de vida ejemplar es la mejor fuente de la mejor instrucción.

La vida de los padres y de los hijos y su respectiva realización depende de su sabia elección. Pueden elegir vivir sometidos a la presión de la mayoría, a las ideas de otros o amando lo que es popular aunque sea inconveniente, o pueden elegir vivir con convicciones personales bien fundamentadas en altos valores morales, haciendo lo que deben aunque no les guste y siguiendo los principios divinos aunque sean impopulares.

Los valores que elegimos serán nuestros señores. Recuerde que todos somos esclavos del amo que elegimos.

¿Por qué miráis la paja en el ojo ajeno?

Esta es una enseñanza extraordinaria de Jesucristo. Muchas personas han utilizado erróneamente esta maravillosa declaración. Las palabras de Jesucristo no significan que nunca debemos juzgar a nadie en ninguna circunstancia. No significa que no debe importarnos lo que hagan los demás pues sería inmiscuirnos en sus vidas. Los padres debemos juzgar las vidas de nuestros hijos y aun los hijos deben juzgar las vidas de sus padres. El problema está en base de qué reglas elaboramos nuestro juicio. Juzgar apropiadamente no es inmiscuirse en la vida de los miembros de nuestra familia. Lamentablemente la tendencia a exigir que nadie se meta en la vida de los hijos aumenta en nuestra sociedad, pero eso no es lo que Jesucristo está enseñando.

Por ejemplo, si yo sé que usted me insultó, yo tengo que juzgar que usted me insultó; es apropiado hacerlo. Mi juicio me lleva a concluir que usted me insultó; aunque yo no sepa por qué lo hizo. Yo no debo juzgar su motivación, pero sí debo juzgar su comportamiento.

Si yo le presté dinero y usted nunca me lo devolvió, tengo que juzgar que usted es deudor. Esa es la realidad. ¿Por qué lo hizo? No tengo idea. Tengo que investigarlo, porque si no lo hago, usted tendrá la tendencia a engañarme diciéndome lo que no es verdad. Yo tengo que entender la realidad, no debo pensar por usted, pero debo juzgar que no quiere pagarme sin saber el motivo porque no quiere hacerlo.

Ricardo discutía con sus padres porque pensaba que ellos no tenían derecho a impedirle juntarse con dos amigos y que no tenían derecho a juzgarlos. Los dos muchachos eran conocidos en la escuela secundaria por ser problemáticos. Habían sido suspendidos y los tenían en la lista de los que podían ser expulsados. Después de algunas sesiones de consejería, los padres y Ricardo entendieron que era posible juzgar la realidad de los hechos aunque no los motivos. La evidencia certificaba que desde que se inició ese año escolar y Ricardo se hizo amigo de esos dos jóvenes, sus calificaciones habían bajado a niveles críticos como nunca antes. Además, lo habían suspendido una vez por haber estado junto a sus amigos en un acto prohibido por las autoridades escolares. Los padres no podían certificar que esos amigos eran la causa de las fallas de su hijo pues él podría ser una mala influencia para sus amigos también. Pero sí podían certificar que desde que se inició su amistad, su hijo cambió para mal y que como padres debían tomar todas las medidas preventivas. Los padres podían juzgar que esos muchachos eran malos elementos porque así la escuela lo certificaba y podían determinar que en base de ese juicio no permitirían que su hijo se juntara con ellos.

Los padres de Ricardo también comprendieron que su hijo tenía derecho a juzgar las acciones de ellos. La conclusión de Ricardo era que ellos eran malos padres y que sólo querían hacerle la vida imposible. Le ayudé a entender que eso no era verdad. Que no tenía razón de juzgar las motivaciones de sus padres, aunque sí las acciones. Y algunas de las acciones de sus padres eran erróneas. Insultar a los amigos de Ricardo, amenazar, gritar, maltratar a Ricardo no era la respuesta correcta y Ricardo tenía razón. La familia entendió que en ella no había malos padres determinados a hacer la vida de sus hijos imposible de vivir. Que Ricardo no los quería destruir, pero que un buen juicio de las acciones y una acertada evaluación de las consecuencias que experimentaban indicaban que padres e hijo estaban actuando erróneamente y que todos debían corregir las malas acciones que tenían buenas intenciones, pero que por falta de sabiduría en la confrontación del problema les llevaba a situaciones dolorosas.

Los padres y los hijos tienen el derecho y la obligación de juzgarse; tienen toda la responsabilidad de hacer conocer los errores, los desvíos, las actitudes malas, las palabras erróneas que se utilizaron en alguna conversación, el lenguaje soez que utilizó un hijo, la falta de respeto que mostró la esposa por el esposo; todo esto es materia de juicio; y tiene que ser realizado con sabiduría por todos los que componen la familia. Los padres tienen el deber de confrontar el comportamiento erróneo de sus hijos, pero realizando confrontaciones sabias. Pero también los hijos tienen el derecho de confrontar a sus padres cuando descubren en ellos faltas, pecados o inmoralidades, pero deben hacerlo con el mismo respeto y honestidad.

La aplicación de la enseñanza de Jesucristo a la vida de la familia es clara. No debemos enfocarnos en las faltas de los miembros de nuestra familia mientras ignoramos las nuestras. No debemos buscar justicia para las faltas ajenas y misericordia para las nuestras.

En este libro quiero animarle a que vea a sus hijos como individuos indefensos que necesitan ayuda y orientación y que debido a que aún no han tenido toda la preparación es posible que lleguen a tomar decisiones erróneas; pero, el otro lado de la moneda es que los hijos también deben ver a sus padres de la misma manera. Los padres no son perfectos. Se equivocan, también cometen pecados y los hijos tienen el derecho de decirlo con respeto y en forma honesta. Un hijo puede decir a su padre infiel: «Estoy muy molesto porque estás engañando a mi madre, y no quiero hablar contigo mientras no dejes esa vida pecaminosa que llevas». Un hijo sabio puede decir a su madre: «Mamá, debo decirte con mucho respeto que regularmente me estás hiriendo con tus palabras. Quiero que me confrontes y me enseñes, pero no quiero que me insultes. No quiero discutir nuestros problemas frente a la gente, sino solos tú y yo. No quiero hacerlo ni siquiera en presencia de mis hermanos». Estas son magníficas exhortaciones que los padres deben analizar cuidadosamente para que los hijos también aprendan a exhortar sabiamente.

Los padres tienen el deber de confrontar el comportamiento erróneo de sus hijos, pero realizando confrontaciones sabias. Pero también los hijos tienen el derecho de confrontar a sus padres cuando descubren faltas, pecados o inmoralidades, pero deben hacerlo con el mismo respeto y honestidad.

Para que la relación entre padres e hijos funcione, deben evitarse los ataques pero deben practicar las exhortaciones sabias y para ello se necesita una profunda empatía en la relación. Necesitamos aprender a juzgarnos sabiamente, a examinar las actuaciones y reacciones erróneas y decirlas con honestidad y respeto, evitando juzgar la motivación que tuvo la persona para hacer lo incorrecto, pero identificando con objetividad y certeza las acciones que sí son equivocadas.

Un padre debe disciplinar al juzgar como errónea la acción de un hijo que cerró la puerta con violencia porque debido a un acto disciplinario se le impidió hacer lo que quería. Pero no debe decirle que la razón porque lo hizo es porque odia a sus padres y está tratando de destruir a su familia. Debe decirle que su actitud es equivocada, que su acción no será aceptada y que será disciplinado con más severidad porque no se le permitirá la falta de respeto en esos actos de maldad.

Mi anhelo es motivar a los padres y a los hijos a vivir en una relación de alto respeto y que sepan identificar, evaluar, juzgar y exhortar honestamente cuando se cometan errores que afecten las buenas relaciones familiares.

Los padres y los hijos pasaremos por situaciones estresantes que nos pueden motivar a actuar erróneamente. No siempre actuaremos bien. Padres e hijos cometemos errores. Debemos ser sabios para confrontarlos. Padres e hijos seremos presionados por las experiencias dolorosas que enfrentamos y podemos cometer errores pues debido a la presión emocional podemos responder mal. Un adulto abrumado por las demandas, debido a las muchas tensiones, y a pesar de su madurez, enfrentará situaciones difíciles que pueden llevarle a actuar o a responder mal en su relación familiar. Cuando eso ocurra, los hijos deben reaccionar sabiamente porque dos males nunca hacen un bien.

Una madre, abrumada por las tensiones como dueña de casa además de las tensiones en su lugar de trabajo y vuelta loca por sus cambios hormonales, puede producir serios conflictos familiares. El esposo y los hijos deben ser sabios en su respuesta pues dos males nunca hacen un bien. Pero el otro lado de la moneda es que también los adolescentes que tienen cuerpo de adulto pero todavía piensan en algunas áreas como niños pueden equivocarse y debido a las presiones que tienen, su necesidad de independencia y los cambios hormonales de la adolescencia pueden actuar equivocadamente y con falta de tacto y prudencia.

Allí, los padres deben responder con sabiduría porque dos males nunca traen solución y armonía.

Papá, mamá y los adolescentes que pasan por presiones, conflictos, momentos de tensión y cambios hormonales pueden actuar erróneamente, pero es imprescindible que sean confrontados por los demás, sabiamente. Es que dos malas acciones: una mala acción y una mala reacción no pueden producir buenas soluciones.

Hijos, honrad; padres, no provoquéis

¿Se puede imaginar el inmenso equilibrio que demanda Dios? Por supuesto que los mandatos bíblicos así expresados demandan que los hijos honren a su padre y a su madre; esto significa que los hijos deben respetarlos y tratarlos con cariño. Como expliqué en párrafos anteriores, los hijos también honran a sus padres cuando realizan confrontaciones sabias y cuando responden con prudencia. Pero también el mandato exige que los padres cumplan su labor con tanta sabiduría que sus acciones no provoquen a ira a sus hijos. Por supuesto que los hijos, debido a su naturaleza pecaminosa, tendrán reacciones inapropiadas especialmente cuando son disciplinados, pero nosotros nunca debemos provocar esa reacción por nuestra mala acción. Cuando exhortamos, debemos hacerlo con respeto y prudencia y motivarles a que escojan una buena actitud. Si reaccionan mal ante una buena exhortación, son responsables de su mala acción, pero si nosotros, con el buen deseo de exhortar algo justo lo hacemos con acciones equivocadas, somos responsables de provocar la ira en sus reacciones.

Por eso no dejo de recalcar la importancia de tener diálogos, de conversar abiertamente, de entrenar a nuestros hijos para la vida y reconocer el derecho que tienen de también ser vigilantes de nuestra vida paternal. Es saludable que los hijos revelen a sus padres cuáles son las acciones que les provocan a ira y si un buen análisis de ellas determina que es correcta la exhortación debemos buscar la restauración.

En las pocas ocasiones en que un adolescente abrumado por la actitud de sus padres busca ayuda, he sido conmovido. Renato buscó mi asesoramiento pues no sabía cómo enfrentar su problema. Su madre acostumbraba a compararlo siempre con su hermano menor. Renato había engordado, no le gustaba hacer deportes y le encantaba dibujar. Era buen estudiante, pero su madre constantemente lo criticaba por su estado físico y por vivir una vida sedentaria. Lo comparaba con su hermano y le decía que debería jugar en algún equipo como él lo hacía. El mayor dolor y la mayor ira de Renato era que su madre acostumbraba a criticarlo en público. Interesantemente, ella no acostumbraba criticar a su hermano por no ser tan buen estudiante como lo era Renato. Carmela y su esposo comprendieron que esas acciones quebrantaban el mandamiento de no provocar a ira a sus hijos.

Los hijos deben respetar a sus padres independientemente de cómo sean ellos. Es que respeto es obedecer lo correcto y también incluye el rechazar con honor, honestidad y dignidad las conductas u órdenes pecaminosas de los padres. Los padres deben criar a sus hijos en disciplina y amonestación, pero no deben provocarlos a ira por haber realizado equivocada o hirientemente una exhortación que debía realizarse sabiamente.

Capítulo IV

Un proceso de desarrollo que demanda unidad

Todo ser humano está, consciente o inconscientemente, en un proceso de desarrollo continuo. Para poder ayudar a los hijos a que se desarrollen saludablemente, padres e hijos deben prepararse, elegir una buena actitud y apoyarse los unos a los otros.

El proceso de crecimiento de una persona es un proceso maravilloso e interesante, lleno de incógnitas y también lleno de grandes desafíos.

Los padres jugamos un papel muy importante en el proceso de desarrollo de nuestros hijos; tenemos que acompañarlos día a día, momento a momento, experiencia tras experiencia, circunstancia tras circunstancia, dolor tras dolor, desafío tras desafío.

Somos responsables de tomar decisiones sabias, de elegir un plan adecuado y de obligar a nuestros hijos a que lo sigan para que continúen desarrollándose físicamente. Debemos ayudarles a elegir su alimentación, prepararles y exigirles que coman alimentos nutritivos, mantener sus controles médicos periódicos y guiarles para que vivan una vida disciplinada con gran mayordomía personal.

A medida que va creciendo, el hijo es responsable de lo que hace con toda la información y las herramientas que sus padres le entregan y mientras continúa en el proceso de desarrollo.

Cambios necesarios que alteran la vida

Mientras están en la adolescencia, los cambios que ocurren producen una serie de alteraciones en la vida de los hijos, pero aunque producen conmociones, son necesarios. Dios diseñó que existiera una glándula pequeña, situada dentro del centro del cerebro, llamada pituitaria, y podemos decir que es la glándula principal. Este órgano pequeño, tan pequeño como del tamaño de un fríjol, les dice a las demás lo que tienen que hacer. Aunque usted no lo crea, en esta glándula principal existe un plan para todo nuestro cuerpo. Como si fuera el *chip* de una computadora, en esta glándula está programado un plan completo para el cuerpo. Es decir, cuando llega el momento apropiado, comienza a funcionar secretando unas sustancias químicas llamadas hormonas. Son las que rigen lo que hacen las otras glándulas del cuerpo.

Las hormonas van a tener mucha importancia para el cuerpo de los niños y los muchachos en su proceso de desarrollo pues así van desarrollando el plan, aunque también en determinados momentos pueden llegar a alterar nuestra vida.

Me imagino que la mayoría de los padres nunca ha hablado con sus hijos de esto. Me alegra que ahora puedan conversar, porque les ayudará a entender cómo se efectúa ese proceso de desarrollo en el que todos estamos, y que necesita de la participación tanto de los padres como de los hijos.

Hay varias razones para tratar de entender este aspecto importantísimo del desarrollo físico; porque hay ciertas épocas de nuestras vidas en que comenzamos a experimentar cosas que no habíamos experimentado antes. Empezamos a ver el desarrollo de partes de nuestro cuerpo que antes no habíamos visto y a tener sentimientos que antes no habíamos experimentado. Eso produce una confusión no sólo en los hijos sino también en los padres. Es sabio que los padres y sus hijos entiendan lo que está ocurriendo en el proceso de desarrollo porque vivimos una crisis cuando desconocemos lo que nos ocurrirá, y ocurre; o cuando desconocemos que va a existir un cambio, y existe; y cuando desconocemos que vamos a experimentar algo y lo experimentamos. Eso es exactamente lo que ocurre en la adolescencia. Ocurrirán cosas aunque los padres y los hijos no las entiendan ni estén preparados para ellas. Cuando llegan cambios que no conocíamos y experimentamos sensaciones que no experimentábamos podemos asustarnos y hacernos mil preguntas, porque siempre estaremos confundidos si no hemos entendido nuestro proceso de desarrollo.

Esto no es raro entre los adolescentes. Ellos muchas veces tienen preguntas que no quieren decir en voz alta, y buscan respuestas sin hacer las preguntas. Su mente está llena de signos de interrogación. Muchos adolescentes, cuando empiezan a experimentar cambios se preguntan si están enfermos. Se preguntan si lo que ocurre con su cuerpo y pasa por su mente es normal o anormal.

Estamos en la época de la informática. Hoy más que nunca tenemos la posibilidad de adquirir conocimiento, pero no dejo de asombrarme cuando todavía me escriben niñas adolescentes a quienes sus padres nunca les dijeron que en determinado momento se iniciaría una desagradable visita mensual que se llama menstruación.

Algunos muchachos me han escrito asustados porque han tenido poluciones nocturnas. Son jóvenes que aman a Dios y que están confundidos por las cosas normales que les han ocurrido. La razón, sus padres nunca hablaron con ellos.

Aunque hay pocos muchachos que hablan del tema, muchos viven en un mundo de desorientación debido a que sus padres no les han compartido la debida información. Cuando existe confusión debido a la ignorancia existe temor en abundancia.

Cuando los adolescentes no conocen su cuerpo ni el proceso de desarrollo que viven debido a la falta de información, cuando comienzan a ocurrir cambios que alteran su vida, no sólo estarán confundidos sino, además, pueden sentirse seriamente deprimidos.

Los padres deben determinar que ellos y sus hijos evitarán la ignorancia en asuntos tan importantes y que están relacionados con el proceso de desarrollo de sus hijos. Todos somos ignorantes en algo, pero se mantienen así quienes eligen no prepararse. Los padres y sus hijos deben conversar abiertamente sobre sus inquietudes. La iniciativa deben tomarla los padres y la respuesta adecuada debe venir de los hijos. Al conversar con sinceridad, los hijos poco a poco se sentirán más amados, protegidos, guiados, orientados por alguien que no los conoce totalmente, pero que los ama integralmente. Un diálogo constante, periódico y sincero les ayudará a descubrir verdades del proceso de desarrollo que es imprescindible que conozcan profundamente para que puedan ayudarse mutuamente.

Lo que ocurre parece malo, pero no lo es

Por supuesto que los cambios hormonales producen mucha confusión en las personas que no saben por qué ni para qué ocurren. Parece algo malo, pero no es malo. Parece que es terrible que llegue la menstruación que viene acompañada de incomodidades, dolores, y todo lo que implica este proceso que parece malo, pero que no lo es. ¿Por qué razón Dios quiere que una chica viva con esta realidad?

Pasar por una temporada depresiva, levantarse sin saber por qué tiene deseos de llorar, parece malo, pero no lo es. Lo que está ocurriendo es que se está dando un proceso imprescindible para su desarrollo.

Parece malo que comience uno a sentir fuertes sensaciones que le llevan a tentaciones y presiones para involucrarse en la vida sexual. Parece malo, pero no lo es. Dios planificó de esa manera la vida para prepararnos para una etapa muy importante en el futuro.

El cambio de la voz parece malo, pero no lo es. ¿Le gustaría mantener la voz de niño aun cuando pese sesenta kilos más? O ¿le gustaría hablar toda la vida con un gallinero en su garganta? El cambio parece malo, pero no lo es. Es sabio entender que todos los cambios planificados por Dios para nuestro proceso de desarrollo son buenos, y que la confusión o decepción no es producto de una falla en la planificación divina sino en la falta de información y la mala actitud que tenemos los humanos.

Los cambios en la época de la adolescencia pueden provocar una confusión momentánea, pero Dios planificó de esa manera la vida para prepararnos para una etapa muy importante en el futuro. Esos cambios parecen malos, pero son buenos.

Un proceso de preparación constante para una etapa diferente

Muy bien, mis amigos. Los cambios son buenos, el proceso es difícil, pero necesario. Muchos cambios van ocurriendo gradualmente y aunque sean incómodos están preparando su cuerpo para que un día tenga la capacidad física de ser una madre o un progenitor, pero tendrá que prepararse muy bien para ser una verdadera madre o padre. Por ello, aunque puede ser una madre en la adolescencia, nunca debe intentar serlo porque Dios nos entrega la responsabilidad de planificar sabiamente nuestra vida, por nuestro bien y el bien de los niños que deseamos traer a este mundo.

Dios permite que comencemos a vivir su proceso planificado y que como parte de ese proceso se despierten en nuestra vida nuevas formas de participación de nuestra sexualidad. Él planificó que exista un despertar sexual que se llama «pubertad», el mismo que produce cambios para los cuales debemos prepararnos. La vida es una serie de cambios. Cuando estábamos cómodamente en el vientre materno, fuimos expulsados de allí. No sabíamos qué hacer y todo tuvieron que hacerlo nuestros padres. Cuando pasamos a la pubertad no sabemos qué hacer, pero ahora no todo tienen que hacerlo nuestros padres.

Dios planificó que exista un despertar sexual que se llama «pubertad» y nos produce cambios para los cuales debemos prepararnos. La vida es una serie de cambios. Cuando estábamos cómodamente en el vientre materno, fuimos expulsados de allí. No sabíamos qué hacer y para aprender a vivir en ese estado, todo lo tuvieron que hacer nuestros padres. Cuando pasamos a la pubertad no sabemos qué hacer y para aprender a vivir en ese estado, no todo tienen que hacerlo nuestros padres. Debemos prepararnos y unirnos sabiamente para pasar esa etapa en forma saludable.

Uno de los grandes descubrimientos del proceso de desarrollo de los niños es que no son asexuales. Los estudios indican que la gratificación sexual comienza desde la cuna; aunque en sus inicios está asociada con la relación que existe en el proceso de alimentación del bebé, poco a poco se va desarrollando.

Aunque sus hormonas no les están influenciando fuertemente como ocurre en el inicio de la adolescencia, la conducta de los niños en la infancia recibe una buena influencia de su curiosidad e interés sexual.

Debido a que la formación de actitudes sanas con respecto a la sexualidad es esencial en el proceso de desarrollo, los padres debemos tener mucho cuidado, y prepararnos para saber cómo manejar los descubrimientos que el niño realiza paulatinamente con respecto a su sexualidad; por supuesto que, una vez más, tengo que enseñarle algo que enseño constantemente: evite irse a los extremos. Evite los extremos al tratar de manifestar su agrado o su desagrado por la forma como el niño reacciona frente a un nuevo descubrimiento sexual. Mantenga la calma y reaccione sabiamente.

Recuerde que el niño está viviendo todo un proceso de investigación; él quiere conocer, quiere saber, no tiene idea de las cosas que le están sucediendo. Por eso, los padres hacemos bien cuando actuamos con equilibrio, cuando ponemos límites saludables, cuando no exageramos nuestro desagrado por las conductas extremas de los niños, ni les celebramos todo.

Muchos de los problemas en la sexualidad de los niños se dan por ignorancia. Ellos no saben qué hacer; y si los padres los guían mal, los ignoran o los intimidan, por supuesto que están creando una mayor confusión. Muchos padres, debido a su propia ignorancia o por dejar a los hijos en la ignorancia, preparan el ambiente preciso para severos conflictos en la vida sexual. Una buena cantidad de problemas sexuales empiezan como resultado de una educación deficiente.

Muchos padres, debido a su propia ignorancia, o por seguir con sus hijos un proceso de entrenamiento y educación moral, preparan el ambiente preciso para severos conflictos en la vida sexual. Una buena cantidad de problemas sexuales empiezan como resultado de una educación deficiente.

Muchos problemas en la adolescencia se dan por la educación impropia que recibieron los niños durante los primeros años de su infancia; y somos los padres los responsables primarios de la educación sexual de nuestros hijos. A pesar de que nuestra tendencia natural es ignorar nuestras obligaciones, usted y yo, como padres, debemos ser sabios porque con malas actitudes o con mala preparación podemos hacer más mal que el bien que pensamos realizar.

Hablar con sus hijos sin estar informado, exhortarlos por algo que usted no entiende, no es bueno. Los jóvenes que hacen algo sólo porque tienen ideas de joven, o sólo porque les gusta esto o aquello, o sólo porque otros lo hacen, es terrible; eso destruye la vida. No sólo destruye la relación interpersonal, destruye la vida de la persona.

Así que los padres debemos proveer de una educación sexual basada en los valores divinos, pero para cumplir nuestro objetivo con eficiencia debemos adquirir el conocimiento indispensable, en forma planificada y organizada. Debemos también buscar las herramientas y tener la actitud sabia, que es imprescindible para tratar estos temas de la forma en que lo estamos haciendo ahora. De esa manera la tarea es más fácil, más efectiva y más motivadora.

Es posible que a estas alturas de la lectura usted se esté haciendo una seria reflexión. Tal vez todavía no esté abierto para hablar, pero mientras más vamos avanzando y descubriendo cuán natural es la vida, más necesario es que hablemos con sabiduría, con libertad, con honestidad, como amigos, padre-hijo, hijo y padre; más se da cuenta de cuán necesario es enfrentar el problema y los obstáculos con sabiduría, juntos, con conversaciones apropiadas.

La mejor determinación que deben tomar los padres es la de cumplir su responsabilidad; les guste o no a los hijos; mientras más temprano comiencen es mejor. Aunque a los hijos les pueda sonar como una imposición, es una de las grandes imposiciones que debemos realizar en la vida. Por supuesto que el solo hecho de empezar a hablar con los adolescentes es complicado, pues ellos tienen un mundo diferente, quieren independencia, están buscando tomar sus propias decisiones; sin embargo, es bueno que los padres nos sentemos a hablar con ellos para por lo menos entregarles un arsenal de recursos para que tengan a su disposición herramientas y conocimientos, así como recursos apropiados para que puedan elegir hacer el bien, sea que en el futuro lo elijan o no.

Debemos cumplir nuestra responsabilidad a tiempo, porque es sabio comenzar a una edad temprana y continuar a lo largo de los años hablando con sinceridad, con claridad, con conocimiento, con franqueza. La educación sexual es un proceso, y es erróneo pensar que nuestros niños aprenderán rápidamente, o aprenderán súbitamente.

Tengo otra advertencia para los jóvenes. Si están pensando: «Pero mi padre no habló conmigo antes, ¿por qué quiere hacerlo ahora? ¿Para qué hablar ahora que ya tengo la capacidad de estudiar y en la escuela me van a enseñar? Yo no quiero tener esta conversación ahora que tengo vergüenza, o no estoy preparado para tocar estos temas. Debieron haberme hablado y preparado antes». Tienen razón al decir que la educación sexual debería haberse realizado antes, pero nunca es tarde para comenzar a hacer lo que es correcto y porque no se hizo a tiempo no es sabio decidir no hacerlo.

Un hijo que recién está entrando en la adolescencia puede irse al otro extremo. Puede decir: «¿Para qué me están dando toda esta información que no me interesa? Todavía ni pienso en la vida sexual, me da vergüenza y no quiero hablar de eso». Esta actitud también es errónea pues los padres tienen la obligación de prevenir los problemas y conversar con sus hijos no solamente para curar heridas producto de malas decisiones, sino también de prevenir consecuencias enseñando a sus hijos a actuar con prudencia.

La educación sexual adecuada es el resultado de un proceso que debe desarrollarse bien para alcanzar el resultado esperado. Es erróneo pensar que nuestros niños aprenderán a manejar su vida y sus inquietudes automática y rápidamente.

También es erróneo traspasar la responsabilidad de los padres a las escuelas o a las autoridades con sus propios programas educativos, pues aun esos programas de educación formal, aunque pueden ofrecer las mismas ventajas que la sabia educación de sus padres, no pueden suplantarla. La enseñanza fundamental y más importante es la que deben realizar los padres pues sólo ellos deben proporcionar educación sexual cercana. Nadie puede ser más íntimo que un padre o una madre con sus hijos; ningún profesor puede tener ese tipo de cercanía que está reservada sólo para los padres, aunque no todos los padres la disfruten.

Nadie puede obtener una educación sexual prolongada en alguna escuela o universidad. Puede tomar un curso de seis meses, un año, tres meses, un mes; pero nadie puede obtener una educación prolongada como la que dan los padres. Este programa de entrenamiento que deben realizar los padres debería comenzar, por lo menos, en el tercer o cuarto año de la vida de los niños, y debe llegar a un nivel de gran importancia durante la pubertad.

La necesidad de instrucción antes de la conmoción

La pubertad es una etapa de conmoción en que se produce un desarreglo hormonal. Pareciera que existiera una anarquía hormonal que presenta permanentes desafíos.

Durante la pubertad es cuando los niños crecen más rápidamente que antes. Sus músculos se harán más fuertes, cada vez tendrán más coordinación. Esto se va notando en el proceso de crecimiento y por ello un adolescente puede convertirse en un mejor atleta a los dieciséis años que a los doce. En este proceso de desarrollo todo va aumentando. Su cuerpo aumenta en tamaño, en fuerza, en coordinación.

No es sabio que los padres demoren el inicio del programa de educación sexual de sus hijos. Si usted lo demoró, corríjalo ahora. Si está leyendo solo este libro, le ruego que tome la determinación de leerlo con sus hijos, pues juntos podrán comprenderse mutuamente y conversar organizadamente.

La pubertad suele empezar entre los diez y los doce años para las niñas, y entre los doce y catorce para los niños, y en ambos casos, a esas alturas, ya deberían haber recibido instrucciones, pues una vez entrados en la pubertad ellos se sienten arrinconados, incómodos cuando los padres tratan de hablarles sobre temas relacionados con la sexualidad.

Así que ahora, aunque te sientas incómodo, querido adolescente, o padre, es preferible pasar por la incomodidad por unos días o unos meses si van a estudiar juntos, que sufrir las consecuencias de cometer errores debido a la falta de preparación. Para cumplir esta importante misión, deben tener disciplina para continuar ordenada y consistentemente.

Lo ideal y sabio es que los padres aprovechemos los diez años previos a la pubertad para conversar con los niños, e instruirlos y después de esa temporada, estar disponibles como excelentes recursos y amigos sensibles, dispuestos a responder con amor.

Debemos ser padres y amigos dispuestos a responder con respeto y honestidad cuando nuestros hijos acudan a nosotros para realizar sus consultas y expresar su necesidad.

Si los padres y los adolescentes nunca han conversado del tema deben ponerse de acuerdo para tratarlo y programar una serie de sesiones para conversar con libertad. Pueden tener algunas conversaciones directas cubriendo los tópicos de más importancia y, también, si aún se sienten incómodos, pueden buscar la ayuda de un consejero profesional que les enseñe bíblica, práctica y sistemáticamente.

De acuerdo con el proceso de desarrollo, en la niñez van ocurriendo determinados cambios, pero todo va transcurriendo lentamente dentro de su proceso. Al llegar a la pubertad pareciera como si todo se quedara fuera de control, pues ocurren cambios muy grandes. Para prepararles sabiamente, cuando son niños, debemos responder sabiamente sólo a lo que el hijo pregunte; a la vez, tenemos que aprender a tener un equilibrio si el niño comienza a evidenciar conductas extremas. Hay niños a quienes les encanta andar tocándose los genitales, a otros les encanta andar desnudos y exhibiéndose. Los padres no deben asustarse pero sí deben reaccionar estableciendo reglas adecuadas, implementadas y aplicadas con buen equilibrio. Deben pensar que es natural lo que está ocurriendo y reaccionar en forma natural. Deben enseñar al niño que, así como se toca la nariz, también puede tocarse sus órganos genitales, y que así como no debe vivir tocándose la nariz, ni debe vivir rascándose un ojo, tampoco debe acostumbrarse a vivir tocándose los genitales. La explicación equilibrada y la tendencia bien manejada deben llevarle a actuar con normalidad.

Cuando un niño tiene alguna pregunta, hay que darle una explicación breve, una explicación sencilla, con palabras que él conozca. Es bueno explicar algunas palabras que son más difíciles de comprender. No debemos darle la idea de que el sexo es malo, sino que es algo natural en la vida. Debemos tener siempre en mente que queremos ir informando a nuestros hijos en su proceso de crecimiento que el sexo es maravilloso, y que hay etapas de la vida que vamos pasando y que así como nuestro cuerpo va cambiando, también nuestras enseñanzas irán avanzando. Decirles que es todo un proceso que tienen que vivir. Que así como es maravilloso jugar, de niños jugamos más, de adolescentes jugamos menos, de jóvenes menos y de adultos mucho menos, así en otras cosas cuando niños sabemos un poco, cuando adolescentes sabremos más y cuando adultos mucho más.

De los cinco a los ocho años su niño necesita más que lo que ya ha hecho. Recuérdele que está creciendo en forma integral, no sólo físicamente; recuérdele además que Dios pensó en él, pensó en usted y lo hizo de una manera única. Que no hay otro igual a usted o a su hijo, que todos somos diferentes y vivimos para un propósito diferente.

Padres e hijos deben entender que el cuerpo, incluyendo todas sus partes incluyendo sus emociones y espíritu fueron creados por Dios con un propósito y que debemos cuidar y respetar nuestro cuerpo, comiendo lo debido y desarrollando excelentes hábitos de acondicionamiento y de aseo. Debemos ir enseñándoles acerca de las diferencias pues comienzan a observar a los niños del sexo opuesto y tienen interrogantes. Después de ver a su hermanita, una primita, o un primito, comienzan a hacerse preguntas acerca de las diferencias que tienen y allí debemos enseñarles que el cuerpo de una niña se va a desarrollar de una manera distinta al cuerpo de un niño; que esa diferencia permitirá después que la niña, ya mujer, tenga hijos; que el cuerpo de un niño se va a desarrollar de forma distinta para que cuando hombre pueda convertirse en papá.

Además de hablar sobre el físico, debemos hablar de que todo se puede usar para el bien o para el mal, incluyendo nuestro cuerpo y que son las enseñanzas morales de sus padres y los principios y valores que ellos aprendan los que le permitirán hacer lo correcto.

La sorprendente presencia de nuevos impulsos

Al entrar a la pubertad, el niño entra a una nueva etapa donde existen nuevos impulsos. De los nueve a los doce años existen una serie de cambios, porque se entra a la pubertad, y todo el cuerpo cambia, aunque todos vamos cambiando a un ritmo diferente, porque Dios lo planificó de esa manera.

Va a ser necesario tener conversaciones más extensas y más explicativas; enseñarles también que el sexo es un regalo maravilloso de parte de Dios para los que están casados, no para los solteros, y que todo tiene que practicarse a su tiempo, tal como lo explico en mi libro *Cartas al joven tentado.* Los adolescentes deben comprender que la existencia del poder no exige su satisfacción; la presencia de la necesidad no significa que tiene que ser satisfecha en cualquier momento, donde queramos y cuando queramos. Que así como tenemos necesidad de ir al baño y no lo hacemos en cualquier parte; tenemos necesidad de comer pero no estamos todo el día comiendo; tenemos necesidad de dormir y no dormimos en cualquier lugar ni cada vez que nos da la gana, tampoco debemos satisfacer las necesidades sexuales inapropiadamente.

Tenemos que enseñar a nuestros hijos que Dios quiere que nos esperemos hasta el matrimonio para tener relaciones sexuales; así que, mientras tanto, aunque exista la necesidad, el deseo, tenemos que practicar el dominio propio, tal como lo practicamos en otras áreas de nuestra vida. Ellos deben comprender que en ciertos momentos tendrán deseos de golpear a alguien porque le dijo algo hiriente, pero su deseo no justifica la satisfacción.

> *Nuestros hijos deben entender que debido a que están experimentando nuevas sensaciones se verán motivados a realizar ciertas acciones, pero que no todas las acciones que deseamos realizar son buenas y que algunas son destructivas e inmorales.*

Las nuevas sensaciones despiertan la curiosidad, la que puede motivarle a hacer preguntas e investigación apropiada o actuaciones erradas. En su proceso de investigación, algunos adolescentes preguntan o acostumbran a escuchar o hablan con otros jóvenes más adelantados aunque no sabiamente informados y aprenden mal. Algunos adolescentes tienen padres que no los han controlado, otros niños por desinterés o descuido de sus padres ya han visto películas pornográficas y es increíble, pero cierto, las estadísticas revelan que algunos, ya en la pubertad comienzan a tener relaciones sexuales.

Debe enseñar a sus hijos que habrá otros que sabrán más, y eso no significa que saben mejor. Nuestros jóvenes deben entender que siempre hay otros más adelantados, más arriesgados, más mal formados, más malvados y más insistentes que otros.

Nuestros hijos deben entender que Dios los creó de tal manera que no solamente pueden sentir sensaciones que demandan satisfacción, sino que también les dio la capacidad de pensar, evaluar y determinar lo que van a realizar al ser movidos a acciones por las emociones que experimentan.

Sí a los cambios integrales,
no al rechazo de los principios morales

Los cambios en nuestros cuerpos, en las situaciones, en las emociones, en nuestra manera de pensar, en el grado de conocimiento que tenemos nos motivan a ser personas diferentes y es excelente que ocurran cambios integrales, pero es un serio error que debido a los cambios normales, despreciemos los principios y valores morales más elevados. Si sus padres le enseñaron la honestidad, aunque ahora sea más grande, más astuto, tenga más conocimiento y tenga más deseos de tener cosas, no tiene el derecho de entrar a un supermercado y robar un disco compacto que tanto desea escuchar. De la misma manera, si sus padres le enseñaron que las relaciones sexuales saludables están reservadas para la vida matrimonial y no para cuando tenemos fuertes necesidades de satisfacción sexual, debe tomar la decisión de no rechazar esos principios morales sólo porque experimenta fuerte deseos de tener relaciones sexuales. Es que entre los diez y los dieciocho años para las niñas, y entre los doce y los dieciséis años para los niños, comienzan a suceder de prisa algunos cambios en su cuerpo que llevan a una niña a transformarse poco a poco en una mujer, y a un niño, poco a poco en un hombre.

En la adolescencia, su cuerpo está cambiando diariamente, incluyendo cambios emocionales, su sistema de pensamientos y una batalla en sus convicciones. Comienza a leer cosas por sí solo, a escuchar conversaciones a las que antes no había prestado atención, a compartir con amigos de cosas que antes nunca había escuchado si sus padres no le hablaron de esas cosas.

Su sistema de pensamiento comienza a cambiar; comienza a cuestionar cosas que antes no había cuestionado y a hacer cosas que antes ni pensaba hacer.

Existen cambios espirituales; su concepto de Dios va cambiando; antes creía lo que el papá le decía, ahora comienza a cuestionarse, a preguntar y a cuestionar a los demás. Por supuesto que puede ser emocionante ver y experimentar todos aquellos cambios en los hijos, pero también son perturbadores y, por lo tanto, papá e hijo tienen que conversar claramente, con amor, con respeto, con cariño.

Los cambios que ocurren en la adolescencia y que son normales no justifican un rechazo a los más altos valores morales. Si cuando niño le enseñaron la honestidad, aunque ahora sea más grande, más astuto, tenga más conocimiento y tenga mas deseos de tener cosas, no tiene el derecho de robar un disco compacto porque con todo su corazón lo desea escuchar. De la misma manera, si sus padres le enseñaron que las relaciones sexuales saludables están reservadas para la vida matrimonial y no para cuando tenemos fuertes necesidades de satisfacción sexual.

De los doce a los quince años es imprescindible que comiencen a hablar más profundamente; que hagan una evaluación, un repaso, que adquieran conocimiento de la fisiología y anatomía del sistema reproductor del ser humano; van a necesitar estudiar, pues los cambios dentro y fuera del cuerpo tienen que ver con cambios en el cerebro donde se encuentra la poderosa glándula pituitaria.

Esta glándula comienza a liberar hormonas que circulan en el sistema reproductor y que son los pequeños mensajeros químicos que empiezan a decirle al cuerpo lo que tiene que hacer. En este caso, las hormonas comienzan a decirle al sistema reproductor que comience a cambiar, que comience a madurar para dirigirse a la vida adulta, y el sistema reproductor empieza a obedecer pues es la parte del cuerpo que permite que los seres humanos se reproduzcan, o tengan bebés.

Los muchachos deben entender que la filosofía liberal quiere facilitar las cosas y aumenta la tolerancia de las personas. Hoy existen jóvenes que creen lo que para justificar su pecado comunicó el presidente más popular de Estados Unidos y que demostró más inmoralidad. Tuvo relaciones sexuales con una chica en el palacio de gobierno pero dijo que las relaciones sexuales orales no eran relaciones sexuales. Actualmente existen muchos jóvenes que creen lo mismo. Con su pareja se tocan, se excitan, rozan sus genitales, pero debido a que no realizan una intromisión dicen que no tienen relaciones sexuales. Nuestros hijos deben entender que sí son relaciones sexuales el sexo oral, la masturbación mutua, la excitación mutua, el sexo anal y que no todas las prácticas sexuales son permitidas por Dios, ni aun dentro de la vida conyugal.

Cualquier tipo de manifestación sexual entra dentro de la definición de sexo, y Dios nos ha llamado a reservar el sexo para la vida matrimonial. Dios nos enseña que el matrimonio es entre un hombre y una mujer, y que cuando se da en las condiciones apropiadas tiene todo el potencial de producir una relación estable.

Nuestros hijos tienen que entender que nuestro Dios nos llama a seguir las reglas que él ha establecido, no con el propósito de hacernos mal sino con el propósito de protegernos física, emocional, mental y espiritualmente para que estemos preparados para un futuro saludable.

Tener parejas sexuales fuera del matrimonio tiene consecuencias físicas y psicológicas que quizá nunca desaparezcan, eso tienen que saberlo y entenderlo nuestros hijos.

Los adolescentes tienen que entender lo que va a ocurrir con sus cuerpos, para que no se desesperen ni tengan ideas erróneas de lo que les está ocurriendo. Las niñas deben entender que las hormonas de la glándula pituitaria les van a decir a los ovarios de su sistema reproductor que comiencen a producir una gran cantidad de otra hormona llamada estrógeno; el incremento del estrógeno provoca que el cuerpo de una niña comience a tener cambios y empiece a adquirir poco a poco las características de una mujer adulta.

La niña tiene que entender que van a ocurrir cambios como el crecimiento de sus pechos pues esta glándula la está preparando para ser madre, para que pueda alimentar a su bebé en el futuro. La niña tiene que entender que su cintura y sus caderas se van a ensanchar, pues de esta manera su cuerpo se va a ir preparando para que cuando se case pueda permitir que el bebé que tenga pueda pasar a través de ella durante el proceso de alumbramiento. Dios es sabio. Dios lo está manejando todo para nuestro bien.

En los chicos adolescentes esas hormonas también van a provocar que su voz se vuelva más suave; distinta a la que tenían antes y puede tener una forma divertida al hablar. Esto ocurre pues sus cuerdas vocales están cambiando por el desarrollo que están experimentando, pero pronto su voz se volverá más segura y firme.

También les aparecerá barba y tendrán que empezar a afeitarse; les aparecerán vellos en las axilas, en el pubis, en el área alrededor de los órganos sexuales; y sus órganos sexuales irán aumentando de tamaño, para ir preparándose para ser un adulto. Poco a poco, esta transformación va permitiendo que el cuerpo se prepare para las relaciones sexuales.

Ocurrirán muchos cambios de energía durante la pubertad pues su cuerpo está utilizando todos los recursos que puede, todas las vitaminas que puede para poder crecer; así que en ciertos momentos, esa energía no estará disponible para realizar otras actividades, aunque esta fase no dura mucho.

Esta sensación de cansancio tiene algunas manifestaciones, algunos duermen mucho y necesitan descansar mucho durante ese periodo. Algunos muchachos no descansan tanto como deberían y otros quieren pasárselo durmiendo. Algunos no quieren ir a la cama temprano, se mantienen despiertos hasta tarde y al otro día están agotados porque no tienen energías. Al no dormir lo necesario, al no comer lo que deben, tienen poca energía y además, su cuerpo utiliza la poca energía que tienen para continuar el proceso de desarrollo.

También los alimentos que ingieran serán de mucha importancia durante la adolescencia, pues su cuerpo necesita tener los nutrientes necesarios para ir formando músculos, huesos y las fibras que son necesarias. Sé que a muchos adolescentes no les gusta que les digan lo que tienen que comer, pero también hay padres desinformados o que quieren que sus hijos coman abundantemente sin considerar preparar comidas nutritivas. Los padres también deben informarse para que sus hijos tengan una dieta apropiada. Si no comen bien durante este período de crecimiento pueden enfermarse y tener problemas físicos; por eso es necesario que su cuerpo tenga las vitaminas necesarias, las proteínas y minerales que son esenciales para su crecimiento.

Preparándote para ser mamá

Si los padres están conversando con su hijita, este es uno de los momentos más hermosos de la conversación. Los jovencitos también deberían emocionarse al conocer la forma maravillosa como Dios estableció que naciéramos en este mundo y que ellos serán parte de un plan diseñado por Dios.

El ciclo menstrual de las chicas llega con muchas molestias, pero a la vez con un extraordinario mensaje de esperanza. El inicio de la menstruación les dice: «Tienes grandes posibilidades de que un día tú también llegues a ser mamá».

Las mujeres tienen dos ovarios en su sistema reproductor; estos contienen los óvulos necesarios para que una inocente adolescente, algún día pueda tener un hijo. Los ovarios tienen un poco más de trescientos mil óvulos.

Cuando la pubertad comienza, uno de los óvulos madura y es liberado de uno de los ovarios cada mes. Eso significa que cada mes en cierto periodo de tiempo, desde una adolescente hasta una mujer madura puede quedar embarazada. Este extraordinario proceso ocurre cerca de una vez por mes, aproximadamente a partir de los diez, hasta los cincuenta y a veces hasta los sesenta años de edad.

Luego de que el óvulo es liberado de uno de los ovarios, se traslada por la Trompa de Falopio hasta el útero, en la Biblia llamado también «vientre»; es el lugar donde un día crecerá ese niño o niña que Dios te dará el privilegio de crear y amar. Ese pequeño niño se formará en tu cuerpo, en el cuerpo de la mujer que hoy es una niña o en el cuerpo de la adolescente que algún día será la mujer que su hijo elegirá como esposa. Allí dentro del cuerpo de su madre y durante casi nueve meses, por lo regular, en algún momento en el futuro se encontrará tu propio hijo. Es precisamente para eso que Dios te está preparando.

En el momento en que el óvulo que formará a tu bebé se libera, tu útero comienza a desarrollar un recubrimiento; si el óvulo no es fecundado, no se produce un bebé; y entonces el recubrimiento del útero es desechado. Ese recubrimiento sale por la vagina durante varios días, y a eso se le llama menstruación.

Esto muestra que los cambios de una niña son más complejos que los de un niño, pues es en el cuerpo de ella que se desarrollará una nueva vida. Su cuerpo tiene que prepararse para la extraordinaria experiencia llamada maternidad.

Pensando sabiamente en tu futuro hijo

La manera como funciona el cuerpo de la mujer para producir la vida humana es uno de los mecanismos más bellos y complejos de todo el universo. Dios es un excelente Creador y no olvidó ningún detalle y en este momento está preparando a los adolescentes que algún día serán padres.

La primera célula de vida se llama cigoto y se divide y crece dentro del útero o matriz de la madre. El útero es un lugar especial dentro de la parte inferior del abdomen de la mujer. Es una bolsa especial que tiene el ambiente perfecto para que se desarrolle el embrión. Todas las necesidades del bebe, de calor, de nutrición, de oxígeno, etc. son suplidas permanentemente por el cuerpo de la madre antes de su nacimiento.

Por eso, cualquier pequeño error que se cometa durante el inicio de su desarrollo, especialmente los primeros tres meses, podrían causar la muerte de esa vida debido a que el embrión es muy delicado. También el cuerpo de la madre debe estar en buenas condiciones para tan gran evento. Físicamente debe estar preparado saludablemente para poder suplir todo lo que el niño estará necesitando durante este proceso de desarrollo. Así que para poder suplir esas necesidades, el cuerpo de la niña cambia durante la pubertad.

Cuando una mujer queda embarazada, o sea, cuando la célula llamada cigoto queda implantada en el útero, el cuerpo de la madre protege a ese embrión que va a crecer y allí tiene todo lo que necesita. Esa sustancia indispensable para el niño la recibe el útero de modo automático a través de la sangre de la madre; pero debido a que el útero nunca sabe cuándo va a recibir la visita de este esperado embrión, siempre tiene que estar preparado.

La preparación se realiza por medio de un ciclo, o sea, una serie de cambios durante un cierto periodo, y que ocurre cada mes. Los cambios que van ocurriendo son debido a que se va acumulando la sangre en el útero; esa sangre es para nutrir el embrión en caso de que la mujer quede embarazada; pero si no queda, esa sangre, comúnmente conocida como regla, período, o menstruación, no es necesaria y por eso empieza a desprenderse de las paredes del útero, y desciende por la vagina, que es la abertura en la parte inferior del abdomen de la mujer, y por donde también nacen los niños.

Así pues, cada veintiocho días, aunque este número puede variar en cada persona, el cuerpo de la mujer expulsa la sangre que se había acumulado en las paredes del útero. Si la mujer no ha quedado embarazada tiene que botarla; no la necesita para nutrir ningún feto y la desecha. Ese flujo de sangre puede durar de tres a siete días aproximadamente.

Durante estos días, es necesario que las niñas lleven una toalla higiénica que absorba la sangre y mantengan buenas reglas de higiene. Este proceso llamado menstruación es totalmente natural. No hay nada de malo, no es una enfermedad sino la forma como Dios la está preparando para la maternidad.

Por supuesto que las mujeres sufren incomodidades durante su período pues al estar destilando sangre se sienten débiles físicamente, pero ese no es el único cambio que tienen. Fuera de los obvios ajustes físicos que están ocurriendo en el cuerpo, también existen cambios emocionales. La niña va a sentir algún grado de incomodidad y muchas sufrirán dolores de vientre. Generalmente tienen ardor e irritación.

Es muy interesante el proceso, pues la célula llamada cigoto, una vez implantada, se divide en dos, y luego se divide en dos más cada una, resultando en cuatro, y luego las cuatro resultan en ocho, y las ocho en dieciséis, y así va progresando geométricamente hasta que se forman trillones de células, y todas en conjunto, de muy distinta clase, conforman un niño.

De esta manera y al ocurrir este proceso, comienza a latir un pequeño corazoncito; se va formando su cuerpo, sus deditos, sus ojos, sus orejas, y todos los órganos internos. Un líquido especial llamado «amniótico» rodea al niño para protegerlo de los golpes que la madre pudiera recibir y después de nueve meses aquel niño que debe ser amado y planificado estará listo para nacer.

He tenido que hablar en muchas ocasiones con adolescentes que han cometido un pecado y están desesperadas, no sólo por los cambios que experimentan, sino también por el rechazo, los temores y el maltrato que experimentan. Como es obvio, esa no es la forma como Dios planificó que vengan los niños al mundo, pero algunas eligen un camino tortuoso que no sólo afecta a las madres sino también al bebé desde antes que nazca. Hay madres adultas que no tienen idea de lo que ocurre en sus hijas durante el proceso de preparación, y mucho menos lo sabe una adolescente. Ellas no saben la maravilla que está ocurriendo en su cuerpo. Muchas mujeres no saben cuán importante es mantenerse bien, emocional, espiritual y físicamente durante el embarazo.

El niño que llevan en su vientre se está desarrollando integralmente; no es sólo un cuerpo el que se está formando; también se van formando sus emociones; Dios está preparando todo el terreno. Dios, en forma hermosa, va formando cada parte del cuerpo del niño, incluyendo su mente y sus emociones.

Los adolescentes que no tienen idea de embarazo, de maternidad, ni nada de esto, a veces creen que el niño en forma automática va a experimentar sensaciones lindas siempre, pero es un pensamiento equivocado. Si la madre está sufriendo por el maltrato de otros o por sus propios errores, todo ese sufrimiento lo transmite al niño. Si está sufriendo a escondidas de sus padres porque está embarazada, todo ese sufrimiento, toda esa angustia está siendo transmitida a una persona inocente que lo que más anhela es estar feliz con su madre. Si además de estar embarazada, el padre de la criatura es un muchacho irresponsable que sólo quería un momento de placer y debido a su ignorancia, temores, confusión o mala formación se convierte en alguien que la intimida, la ignora, la maltrata, la golpea, imagínese todo el dolor que está traspasando a ese niño inocente e indefenso.

La madre embarazada no solamente le está proveyendo nutrición; también le está proveyendo experiencias, emociones; por eso Dios demanda que las relaciones sexuales sean dentro del matrimonio; no solamente porque están casados, sino también porque ahí es donde se dan las condiciones necesarias para que exista libertad, el amor y el respeto. Cuando una chica queda embarazada no sólo causa dolor a sus padres, también ella experimentará angustia y confusión y el bebé sufrirá en esa triste situación.

En la Biblia existe un continuo y hermoso mensaje que revela que Dios es el gran arquitecto de la vida. En uno de los salmos aparecen estas maravillosas declaraciones. El salmista dice:

> Tú formaste mis entrañas, tú me hiciste en el vientre de mi madre. No fue encubierto de ti mi cuerpo, bien que en oculto fui formado, y entretejido en lo más profundo de la tierra (Salmos 139.13, 15).

El salmista dice que Dios estuvo allí antes de la concepción y durante todo el proceso que permite que el niño se vaya desarrollando en el cuerpo de su madre.

Así, pues, la menstruación no es una pesadilla terrible que las muchachas tienen que sufrir y odiar. Es una señal de que el cuerpo se está preparando para ser un instrumento maravilloso de Dios para la formación de una vida.

Cuando la menstruación llega, eso significa que algo asombroso está ocurriendo; significa que un día, si es la voluntad de Dios, en ese vientre se pueda formar un niño; por eso, la adolescente tiene que cuidarse. Los muchachos tienen que aprender que no se debe tener sexo solo por tener placer o por sentir una sensación hermosa, sino que debe ser el resultado de una experiencia maravillosa que deben disfrutar ambos cónyuges dentro de los parámetros de la vida matrimonial.

La vida sexual está destinada para el matrimonio, para que podamos disfrutar del placer de la sexualidad y, a la vez, para que podamos tener a nuestros hijos deseados, criados en amor, protegidos por un padre que se preocupa de su esposa. Debido a ese amor, él determina cuidarla, alimentarla, ayudarla, proveerle de lindas experiencias emocionales para que el niño reciba no sólo la tranquilidad de la madre sino también el apoyo del padre, aunque todavía esté en proceso de formación en el vientre de la madre.

Cuando los adolescentes o jóvenes sin la debida madurez y como producto de relaciones sexuales que responden sólo a sus pasiones naturales traen al mundo un hijo no planificado, no sólo experimentarán tristeza y confusión sino que, como consecuencia, también sus familiares y el niño no nacido experimentarán sufrimiento.

Los padres deben estar atentos a los cambios que ocurren en sus hijos y cuando las menstruaciones son muy dolorosas deben comunicárselo al médico. En la gran mayoría de los casos el proceso es normal, pero hay chicas que sufren algunas alteraciones y dolores muy fuertes y es mejor que sean tratadas médicamente.

En este proceso de desarrollo pueden darse muchas cosas. Los senos pueden doler porque se están agrandando e incluso algunos muchachos experimentan este tipo de dolor. No deben asustarse o imaginarse que tienen alguna enfermedad, sólo deben comprender que los senos están cambiando, tal como está cambiando el resto del cuerpo.

Algunos muchachos se asustan porque no están creciendo, porque no tienen mucho vello, porque su voz no ha cambiado y algunas chicas porque sus senos todavía no empiezan a desarrollarse, pero deben recordar que cada persona cambia según el horario, el tiempo, el orden que corresponde a su propio cuerpo y cada persona es distinta; es Dios quien planifica la vida de una manera diferente para cada uno. El cambio puede empezar más tarde o más temprano, pero el adolescente o la adolescente no tienen nada que temer porque a diferencia de los demás, demorará un año más o un año menos para que existan determinados cambios.

Es cierto que no es divertido que otros se burlen debido a que algún joven o señorita no ha experimentado determinados cambios, por eso los padres deben orientar a los hijos para que aprendan a confrontar sabiamente a otros adolescentes que en muchas ocasiones actúan con burla y crueldad.

Un hombre en formación

Aunque pueden tener una buena estatura, los adolescentes son hombres en proceso de formación. En el caso de los muchachos, las hormonas de la glándula pituitaria les da la orden a sus testículos que comiencen a producir y a liberar una gran cantidad de cierta hormona llamada testosterona. Esta hormona provoca que el cuerpo de los varones comience a transformarse, deje de ser un niño y comience su proceso para ser un hombre.

Y así, empezamos a ver cambios en nuestros hombros, la cintura y aun las caderas se angostan. La voz, poco a poco se hace más ronca, comienza a aparecer el vello facial, en las axilas, en el área del pubis y el vello de las piernas y de los brazos comienza a hacerse cada vez más grueso y en algunos casos empieza a aparecer el vello en el pecho.

La parte reproductiva del cuerpo del adolescente también comienza a prepararse para la paternidad. El pene y el escroto crecen y comienzan a producir semen; poco tiempo después comienzan a aparecer también otros cambios en el exterior del cuerpo. El pene comienza a ponerse duro, erecto, en forma espontánea. Esto no es señal de nada malo; tampoco es una señal que les indica que deben estimularse. Es simplemente que se produjo una erección porque es natural que el pene se ponga erecto y duro espontáneamente, sin ninguna razón, sólo dura un momento; y todo el sistema reproductor puede estar lleno de esperma.

La célula reproductiva masculina, y también productora de semen, que es el fluido en que vive el esperma, a veces necesita dejar salir un poco de fluido fuera del cuerpo porque se ha acumulado. Esto suele suceder en medio de la noche y son conocidas como las poluciones o emisiones nocturnas y algunos le llaman sueño húmedo. Todo esto es también perfectamente normal, pero es un cambio al cual el adolescente necesita acostumbrarse y entender que está viviendo un proceso de desarrollo natural.

Ese semen contiene millones de células tan pequeñas que son invisibles; una de esas células, llamadas espermatozoides tendrá la posibilidad de unirse a una célula de la mujer en las relaciones sexuales y formar así un cigoto.

Es maravilloso que padres e hijos puedan hablar y conocer cómo Dios nos creó en forma extraordinaria y hablar como amigos de cosas profundas pero de una manera sencilla.

Cuando los miembros de la familia están llenos de temores por las inhibiciones que tienen; cuando los padres no quieren o no pueden enseñar a sus hijos acerca de este proceso de cambio, ni quieren dar detalles de cómo nos reproducimos los seres humanos, ni principios morales para saber cómo vivir gobernados por valores absolutos, los líderes de una iglesia que se han preparado para orientar deben hacerlo con mucha responsabilidad.

En la iglesia deben existir líderes capacitados bíblica y profesionalmente para educar a los niños con respecto a la sexualidad humana. Son los líderes íntegros y con un gran compromiso y amor profundo por Dios y por los principios y mandamientos del Creador los que pueden enseñar principios de gran moralidad y valores bíblicos para que los muchachos asuman su responsabilidad en la vida sexual.

Cuando los padres y los hijos se unen para adquirir conocimiento, sabiduría, herramientas y, además, eligen una buena actitud, entonces todos son parte sabia de este proceso que puede ser un magnífico tiempo de desarrollo hacia la madurez.

La participación sabia de los padres y los hijos en su proceso de desarrollo no es una opción, es una obligación.

La vida humana, las relaciones sexuales, el desarrollo del cuerpo fueron planificados por un Dios amoroso y con gran sabiduría que nos entrega todos los principios que necesitamos para vivir una vida de excelencia y alegría. Cuando rechazamos los sabios planes divinos y preferimos la rebelión, produciremos en nuestra vida y familia sufrimiento y destrucción. Cuando nos unimos, amamos a Dios y vivimos sometidos a nuestras convicciones, disfrutaremos de paz, apoyo mutuo y excelentes relaciones.

Capítulo V

Un proceso de formación integral que demanda participación

Los padres deben preocuparse de la formación de sus hijos en una manera exclusiva cuando ellos son pequeños y dependientes, pero durante la juventud y la adolescencia deben participar en la formación integral en armonía y con excelencia.

Después de pasar la etapa de la niñez en que el papel del niño es seguir instrucciones, en la adolescencia, en una edad en que los hijos pueden asumir cierta responsabilidad, padres e hijos deben trabajar juntos compartiendo este proceso de formación integral que es esencial para vivir una vida normal.

Los padres debemos recordar que nuestros hijos no son sólo cuerpos que debemos alimentar y disciplinar; también tienen emociones y un espíritu que nosotros debemos formar. Hay que recordar que ellos no pueden formarse solos y que Dios nos dio un mandato sin opciones de participar en su formación.

Defino la formación integral mediante la cual los padres van preparando a sus hijos para que adquieran los recursos necesarios para poder desarrollarse normal e integralmente. Este proceso lo inician los padres mientras los hijos observan, aprenden y siguen instrucciones. Luego los padres y los hijos deben unirse para trabajar en unidad. Más adelante, el hijo asumirá su propia responsabilidad de vivir conforme a los más altos principios de respeto y moralidad.

La formación espiritual

Todo hombre tiene un vacío con forma de Dios y sólo con Él debemos llenarlo si queremos vivir una vida fructífera y realizada. Por eso, es necesario que los padres enseñemos a nuestros hijos la importancia de la vida espiritual, y los entrenemos para que la desarrollen en forma regular. Es sabio tener tiempos de devoción que permita a los padres, a los hijos y al Dios que aman desarrollar una relación cercana.

Nuestros hijos deben saber que debido a que tenemos un espíritu, también debemos tener una vida espiritual y que para poder alcanzar la salvación eterna, ellos necesitan tener una relación personal con el Salvador y Señor eterno.

Debemos enseñarles que tengan tiempos regulares de intimidad con el Todopoderoso, que tengan momentos de devoción y adoración que pueden ser su tiempo de calma y paz en medio de las tormentas y dificultades de la vida.

Deben aprender a compartir sus alegrías y tristezas con un Dios con quien nos comunicamos por medio de la oración. Cuando ellos aprenden que pueden expresar sus alegrías, peticiones, sus agradecimientos y frustraciones, sus victorias y derrotas, agradecer por lo que han logrado y pedir perdón por sus áreas de pecado, sienten que tienen en Dios a un amigo, a un guía, un apoyo y a un gran compañero.

Los padres debemos enseñar a nuestros hijos a que amen el estudio de la Biblia pues ella debe ser la única regla de fe y conducta y en ella encontramos toda la revelación que es necesaria para que vivamos la vida conforme a sus principios y mandamientos. Deben entender que la Biblia sí es la revelación divina de los propósitos para los humanos y que son sabios y viven con excelencia los que la estudian con dedicación y realizando una buena interpretación y quienes están comprometidos con su aplicación y no sólo con su respeto y aceptación.

Los padres no sólo debemos ser modelos con nuestra fe, sino también debemos ser modelos de una integración sabia en una iglesia local donde haya líderes que enseñen y vivan íntegramente y exista comunión, apoyo mutuo, amor y cercanía con quienes tienen la misma fe. El involucramiento de los padres y los hijos con personas que tienen el mismo amor por Dios y los mismos principios de vida no sólo es saludable, sino necesario para el desarrollo espiritual de la persona. La convivencia, participar en grupos afines a las edades e intereses de las personas, recibir ayuda y ayudar y participar en grupos de apoyo a personas en necesidad no sólo nos permitirá desarrollar amistad, sino vivir una vida con un interés mucho más alto que el meramente personal.

En las congregaciones tenemos la oportunidad de cultivar cercanía, de amarnos los unos a los otros, de servirnos en amor los unos a los otros, de exhortarnos los unos a los otros, de perdonarnos los unos a los otros, etc. Al estar relacionados con líderes sabios, tenemos la posibilidad de recibir instrucción, entrenamiento, exhortación y aliento como parte del proceso de formación espiritual que necesitamos.

> *Los padres debemos ser modelos de la vida espiritual que deseamos que nuestros hijos desarrollen. Debemos participar unidos y en forma personal del proceso de desarrollo de nuestra vida espiritual.*

La formación física

Los padres tenemos una parte importante en el proceso de desarrollo físico de nuestros hijos. Ellos no saben cómo comer nutritivamente ni cómo contribuir para que su cuerpo se desarrolle en forma normal. Necesitan orientación y autoridad para que no coman sólo lo que les gusta aunque no sea nutritivo y para que coman lo que deben comer aunque no les agrade.

De la misma manera, los padres son los que deben determinar cuáles son los horarios que deben cumplir sus hijos. Los padres deben determinar cuánto tiempo dedicarán sus hijos a los estudios, cuánto a la diversión, cuánto para ayudar en las labores del hogar. El tiempo para levantarse, así como el tiempo para acostarse no debe ser determinado por nuestros hijos o por los padres en forma descuidada. Aunque los hijos tengan energía que parece nunca agotarse, sí se les agota. Aunque digan que no están cansados, todo ser humano se cansa. Aunque no les agraden los horarios, debemos establecerlos y aunque no quieran dedicar tiempo para hacer ejercicios en forma regular, por su buena salud, los padres debemos exigirlo.

No son los hijos los responsables de decidir acerca de su nutrición, su descanso y el cumplimiento de responsabilidades, sino los padres los que con amor, respeto e inteligencia deben establecer las prioridades y ordenar los horarios de descanso para que sus hijos puedan responder en la vida con excelencia.

La formación emocional

Así como los seres humanos necesitan desarrollar su vida espiritual y su vida física, también necesitan comprender y participar en el proceso de formación del carácter que es necesario para tener buenas convicciones, fortaleza y sabiduría para manejar bien sus emociones.

No existen emociones malas, todas las emociones son buenas y necesarias; Dios las ha provisto para que tengamos mecanismos de alarma que nos informen cuando está ocurriendo algo peligroso o cuando existe el peligro de que ocurra. Cuando sentimos ira, tristeza, angustia, alegría, es porque algo lo está produciendo y esa alarma que nos anuncia alguna anormalidad también nos anuncia que debemos tomar las medidas necesarias para responder con responsabilidad.

Los niños no saben cómo responder adecuadamente frente a las emociones que experimentan. Por eso, cuando se enojan pueden llorar, gritar, tirarse al suelo, patalear, etc. Cuando les agrada algo tienden a apropiárselo aunque no sea de ellos y cuando les gusta una persona tienden a exigir de ella más de lo que deben. Es natural que esto ocurra pues son niños que actúan como tales.

La temporada de la adolescencia es una temporada muy emocional no solamente por los cambios hormonales que se dan en forma natural, sino también por la falta de madurez para saber manejar las presiones y motivaciones que resultan de los cambios en nuestras emociones. Debido a que ahora el adolescente dejó de tener cuerpo de niño, voz de niño, fuerza de niño, cuando no sabe cómo manejar sus emociones puede convertirse en agresivo y violento, puede reaccionar apartándose y buscando la soledad o juntándose con personas rebeldes que serán una influencia negativa. Debido a sus cambios emocionales y los estados depresivos propios de los cambios hormonales, en vez de reaccionar buscando ayuda, haciendo ejercicios y buscando la excelencia, puede determinar la irresponsabilidad, la rebeldía y aceptar iniciarse en alguna dependencia. Por estas y muchas otras razones, los padres tenemos el deber de ayudar a nuestros hijos para que tengan una formación apropiada, conozcan su carácter, sus virtudes y defectos así como la responsabilidad de no vivir dominados por las emociones sino por las convicciones que sus padres les han enseñado.

Nuestros hijos deben entender que es natural sentirse enamorado, alegre, enojado, atemorizado, angustiado por alguna razón, pero es peligroso que permitamos que esas emociones nos muevan a acciones erróneas.

Para participar sabiamente de la formación emocional de nuestros hijos, no solamente tenemos que enseñarles teóricamente lo que ellos van a vivir y lo que necesitan reconocer, sino también debemos entregarles pasos prácticos para que puedan mantener su temperamento y sus pasiones bajo control, mediante una estructura moral apropiada.

Las responsabilidades en el
proceso de formación integral

Obviamente, los hijos pequeños no tienen responsabilidad en su proceso de formación. Pero tampoco los adolescentes son totalmente responsables de su formación global. En este proceso de formación existen diferentes etapas y somos los padres los encargados de proveer de las condiciones para que el proceso de formación de nuestros hijos sea posible. Recuerde que nuestros hijos vienen al mundo como salvajes. Cuando vienen a este mundo no saben nada de su propia vida, ni del mundo que les rodeará. No saben lo que deben comer y lo que deben evitar, no saben cómo hablar ni cómo andar. No saben de reglas de urbanidad, de respeto; no han elegido un idioma, no tienen ideas de horarios ni saben nada de nutrición, no obstante que todo ello será parte de su proceso de formación. Nuestros hijos no tienen idea de moralidad, no saben nada de sexualidad, no saben cuándo están actuando santamente o cuándo lo hacen pecaminosamente. Por eso necesitan formación. No saben cómo hablar con los adultos, cómo enfrentar conflictos, cómo manejar sus emociones ni cómo elegir convicciones apropiadas. Por eso necesitan formación y nosotros somos los primeros responsables de iniciarles en los senderos de la formación integral, entrenarlos para que respondan sabiamente ante quienes contribuirán en su formación y enseñarles y prepararles el camino para que luego asuman en forma normal los desafíos de vivir con responsabilidad personal.

Los hijos deben entender que esta no es una tarea sencilla para los padres. Es más fácil vivir y dejar que los demás vivan como quieran, pero aunque sea difícil el cumplimiento de nuestra responsabilidad, debemos ejercerla con disciplina y regularidad. Los hijos deben entender que sus padres no quieren su destrucción sino que mediante reglas, correcciones, disciplinas, responsabilidades asignadas y en ciertos momentos una seria confrontación, sólo están guiándoles en este proceso de formación; ayudándoles en este proceso de adquisición de valores, actitudes y herramientas para que puedan enfrentarse a la vida. Por eso es que es tan importante la relación saludable entre padres e hijos.

Las relaciones interpersonales son esenciales en la vida. Si un hijo nace y es abandonado no podrá aprender de otros seres humanos cosas que son esenciales para su proceso de formación. No se puede desarrollar el carácter de un niño sin una relación cercana y profunda con los padres.

El proceso de formación se inicia en una relación totalmente dependiente; luego debe transformarse en una relación de unidad: padres e hijos trabajando juntos para pasar por este proceso de formación. Más adelante, a la edad oportuna, el hijo empezará a manejar su vida con una responsabilidad exclusiva, pues cuando llegue a su etapa de independencia, los padres deberán permitirle que salga del nido y asuma su responsabilidad. Por otro lado, los padres también necesitan independencia y privacidad.

Los hijos deben entender que sus padres no están planificando su destrucción, sino que mediante reglas, correcciones, disciplinas, responsabilidades asignadas y en ciertos momentos una seria confrontación, sólo están guiándoles en este proceso de formación.

Los padres deben entender que sus hijos no están planificando participar en la destrucción de su familia, sino que están batallando con tendencias pecaminosas que les motiva a la maldad debido a que somos falibles e influenciados por nuestra pecaminosidad.

Primera etapa de la formación:
La responsabilidad exclusiva de los padres

Es obvio que desde antes de su nacimiento, los niños dependen totalmente de sus padres y por eso en los primeros años la responsabilidad en el proceso de formación es exclusiva de los padres.

El amor: ingrediente esencial de la formación

Cuando los hijos vienen al mundo llegan vacíos y necesitan amor para poder desarrollarse normalmente. Dios nos creó con la necesidad de amar y ser amados, y nadie puede disfrutar de una vida espiritual, física o emocional saludable sin sentir que es amado, y sin amar sabiamente.

Es el amor el que permite experimentar aprecio y cariño, y sentir la cercanía y ternura de las relaciones familiares, que deben caracterizarse por el trato, el respeto y la dulzura.

Lamentablemente, la mayoría de las personas tienen ideas erróneas con respecto al amor y por eso, a cuenta del amor, permiten cosas que no deberían, y hacen cosas que el verdadero amor no aprueba.

El amor provee de una estructura de límites saludable y son los padres los que deben enseñar el verdadero concepto de amor. Deben enseñar que el amor no es sólo un sentimiento, aunque incluye sentimientos. Deben enseñar a sus hijos que el amor tiene una estructura de gracia y respeto, de misericordia y comprensión y de justicia y disciplina. Si los hijos no reciben una buena formación con respecto a la virtud divina del amor, tendrán conceptos erróneos que les llevarán a acciones erróneas.

Mediante el sincero y genuino amor, el niño y sus padres aprenden a permitir sólo lo que es saludable para su vida, a hacer con los demás lo que es saludable y a evitar aquello que es destructivo, no sólo en su relación con los demás, sino también cuando los demás se relacionan con ellos. Es por amor que no hacemos cosas que dañan a quienes amamos, y por amor no permitimos que nos dañen. Nunca podremos amar demasiado a nuestros hijos, pero a veces les permitimos demasiado y no los disciplinamos lo suficiente. Es el amor el que provee una estructura de verdad, esencial para el desarrollo normal.

La maternidad y la paternidad: relación esencial para la formación

Papá y mamá son esenciales para brindar el ambiente que Dios determinó para la formación de los hijos. Dios determinó que los hijos tengan padre y madre y que sean necesarios para la formación. Por supuesto que como son seres pecadores, algunos pueden ser malos y perjudiciales. Es cierto que el divorcio y el maltrato quitan a algunos hijos la posibilidad de crecer con ambos y, en ciertos casos, cuando los padres tienen conductas destructivas, los hijos pueden crecer sin ellos y formados por padres adoptivos amorosos que entienden su labor y están dispuestos a amarlos.

Debemos recordar que la paternidad y la maternidad son contactos dobles y directos, pero es un asunto temporal. Es verdad que somos padres y madres toda la vida; pero debemos estar conscientes de que un día nuestros hijos se marcharán del hogar para hacerse cargo integralmente de su vida y asumir la responsabilidad que eso demanda. En ese momento es cuando los recursos que les hemos entregado estarán a disposición del hijo que decida usarlos. Si hemos tomado la responsabilidad de proveérselos, ellos serán los responsables de utilizarlos o no.

En la primera etapa de la vida, los padres somos totalmente responsables del desarrollo integral de nuestros hijos. Tenemos que tomar todas las medidas que sean necesarias para su formación. Debemos cumplir esta labor aunque al niño no le guste, aunque le desagraden los límites, le moleste la disciplina, no quiera seguir instrucciones, actúe en desobediencia y rechace la excelencia.

Es nuestro deber enseñarles a cooperar en el hogar, reglas de urbanidad, respeto a la autoridad. Es nuestro deber entregarles principios y valores morales que les ayuden a tomar decisiones sabias.

Es nuestra responsabilidad amar a nuestros hijos, conocerlos bien, entrenarlos con mucha paciencia y sabiduría, corregirlos con firmeza y a la vez con ternura, motivarlos con un alto sentido de responsabilidad, basados en su potencial y también en la realidad.

En los primeros años de la vida de nuestros hijos, los padres somos los responsables totales de su formación integral. Debemos formarlos espiritual, física y emocionalmente para que tengan la posibilidad de elegir vivir una vida normal.

Segunda etapa de la formación: La responsabilidad compartida

Después de pasar la etapa en que los niños dependen totalmente de los padres, poco a poco estos deben ir entregando responsabilidades a sus hijos y, por lo tanto, en forma compartida comienzan a recorrer la segunda etapa en su proceso de formación. Poco a poco, los padres van enseñando a sus hijos que la vida de ellos no es responsabilidad total de sus padres, y que tendrán que ir aprendiendo que la vida es un desafío. Los hijos deberán aprender que la vida no gira en torno a ellos y que su vida no debe ser un problema para otros, sino que es su problema.

Padres responsables en proceso de traspasar responsabilidad

Todos los padres queremos que nuestros hijos solucionen normalmente sus dificultades y sepan enfrentar con buen conocimiento todos los aspectos de su vida; es decir, que consigan un buen trabajo, que sean exitosos financieramente, que actúen con honestidad, que trabajen con responsabilidad y que desarrollen relaciones con firmeza y autoridad; así como que aprendan a vivir con ternura y santidad. Poco a poco, vamos enseñando a nuestros hijos que su vida es su responsabilidad y es sabio el hijo que va entendiendo que sus padres no estarán siempre a su lado y que en muchas ocasiones tendrán que tomar decisiones personales.

Algunos padres se preguntan quién es responsable de la madurez de un hijo y de que tenga la suficiente preparación para enfrentar el mundo. Algunos piensan que todo el futuro de los niños depende de sus padres, pero no es verdad, pues los hijos también tienen un libre albedrío y elegirán vivir su propia vida, pese a las instrucciones recibidas. Otros piensan que las fallas o el éxito de los hijos dependen primariamente de la responsabilidad de los padres, pero no exclusivamente de ellos. Estos padres, en forma diligente, tratan de hacer todo lo que pueden para ayudar a sus hijos en el proceso de crecimiento, en formarlos y ayudarlos a adquirir conocimiento. Piensan que si sus hijos en la edad adulta llevan una vida de integridad y responsabilidad, será un buen reflejo de la maternidad y paternidad que ellos practicaron. Otros padres ven al hijo como el único responsable de su futuro y ese es otro extremo negativo. La verdad es que aunque al inicio de la vida es esencial nuestra guía y protección, poco a poco vamos traspasando principios y exigiendo que nuestros hijos operen sometidos a esos valores y asuman su responsabilidad y entonces se va dando la responsabilidad compartida.

Así como el niño va aprendiendo a conocerse a sí mismo, a desarrollarse y a terminar las tareas; a buscar su independencia y tratar de ser más suficiente; así también va tomando más responsabilidad y propiedad de todo su mundo.

Poco a poco los padres debemos ir enseñando a nuestros hijos que su vida no es nuestra total responsabilidad.

Que deben aceptar nuestra preparación para que tomen decisiones con integridad. Nuestros hijos deben aprender que la vida no gira en torno a ellos y que su vida no debe ser un problema que deben encargar a otros, sino que la vida es su propio problema que debe ser confrontado por ellos.

Hijos dependientes en proceso de aprender responsabilidad

Poco a poco, los hijos dependientes van buscando su independencia y asumiendo sus responsabilidades. Los padres tenemos la obligación de seguir proveyendo seguridad y amor y también una estructura apropiada que le permita al hijo madurar. El niño deberá responder a esas experiencias siguiendo reglas, a veces asumiendo riesgos y fallando, aprendiendo lecciones, acertando y a veces equivocándose. Cuando esto ocurre, debe aprender también el proceso de dolor, arrepentimiento y cambio por el que todo ser humano debe pasar.

Como repito constantemente, los padres no somos responsables de tener hijos buenos sino de ser buenos padres que proveen buenos recursos para que los hijos tengan la posibilidad de elegir ser buenos, siguiendo los principios y valores divinos que les hemos enseñado.

En toda etapa, y especialmente en la etapa de la adolescencia y juventud, los padres debemos recordar que nuestros hijos son como nosotros; que también tienen la tendencia a la desobediencia, y nosotros no somos la excepción. También los hijos deben entender que los padres al instruirles, al establecer reglas y disciplinarles están cumpliendo su obligación de amarles como Dios les ordena. Por su propio bien, deben tener una buena actitud y una gran disposición a aprender y seguir instrucciones.

Los padres también debemos seguir instrucciones, pues así como nos molesta cuando nuestros hijos no siguen las indicaciones, cuando no cumplen las ordenanzas o demoran en cumplirlas, nosotros también hacemos lo mismo con nuestro cónyuge. La realidad es que padres e hijos tenemos algunas cosas en común, y ambos debemos estar conscientes de esa realidad y cooperar mutuamente para el desarrollo de vidas responsables.

1. Los padres y los hijos fuimos creados a la imagen de Dios, y tenemos grandes virtudes y un extraordinario potencial que debemos poco a poco aprender a utilizar. Dios nos ha dado habilidades especiales que al no desarrollarlas experimentamos una sensación de frustración que nos impide vivir realizados. Dios ha dado a los padres el potencial de ser buenos padres, pero debemos prepararnos y ser disciplinados y obedientes para llegar a serlo. Los hijos tienen el potencial de ser buenos hijos, pero deben prepararse y ser disciplinados y obedientes para llegar a ser hijos amorosos y un aporte para la paz familiar.

2. *Los padres y los hijos tenemos una naturaleza pecaminosa que nos motiva a fallar.* Así que no sólo los hijos se equivocan y desobedecen, maltratan, ignoran, hieren o fallan, también los padres lo hacemos. Todo nuestro ser ha sido afectado por el pecado y no podemos vivir sin pecar.

En algún momento los padres o los hijos nos rebelamos contra la verdad; pues ni los padres ni los hijos nacemos sin naturaleza pecaminosa. Nacemos con la tendencia a pecar y no vinimos al mundo ya ensamblados, sino como seres inmaduros, y debemos ser armados por el proceso de crianza, que es parte de la paternidad.

Al nacer, no sabemos nada de reglas de moralidad, nada de organización y disciplina, llegamos como salvajes, pues no sabemos cómo comer, qué debemos comer, cómo hablar, no tenemos idea de lo que es el amor, no sabemos lo que es respetar o trabajar.

3. *Los padres y también los hijos tenemos excelentes intenciones.* Los padres deseamos desesperadamente criar hijos amorosos y que se desarrollen con normalidad, para que alcancen su madurez y vivan realizados; y nosotros como padres nos sentiremos realizados cuando ellos vivan una vida fructífera, y también nos alegraremos de que puedan desarrollar su potencial para vivir una vida normal.

También los hijos anhelan amar a sus padres y ser amados por ellos. Los hijos no planifican destruir a sus padres. Padres e hijos quisiéramos hacer siempre lo correcto, pero no siempre podemos, o no siempre lo hacemos. Debido a que la vida será fructífera y realizada si somos lo que Dios quiere que seamos, y hacemos lo que debemos con la actitud adecuada, es esencial que los padres y los hijos nos unamos en esta labor tan delicada y teniendo un alto nivel de comprensión pues la mayoría de los hijos y los padres generalmente y a pesar de nuestros errores, tenemos una buena intención.

4. Los padres y los hijos debemos asumir nuestra responsabilidad si queremos vivir en unidad. Si tanto padres como hijos anhelamos el bien mutuo, entonces debemos desarrollar este proceso de formación en unidad. Ni los padres deben elegir una actitud tiránica que motive a la rebelión, ni los hijos una actitud de rebelión que motive a la tiranía. La meta que debemos tener es desarrollar en nuestros hijos un tipo de carácter que les permita enfrentar las distintas áreas de la vida con un alto sentido de responsabilidad.

Los hijos deben entender que mientras más demoren en su proceso de formación, más dificultades tendrán para enfrentar la vida, y más sentimientos de irrealización experimentarán.

La mayoría de los padres queremos que nuestros hijos maduren, y muchos hijos quieren experimentar la sensación de confianza y seguridad que otorga la madurez, pero no todos lo logran.

Todos los hijos y padres disfrutarán con alegría de los beneficios de ser responsables en cada área de su vida, pero no todos están dispuestos a ser entrenados y participar en su formación para convertirse en un adulto responsable que está alcanzando buenos objetivos en las diferentes áreas de su vida.

5. Los padres y los hijos deben establecer metas en su proceso de formación. Cada cierto tiempo debemos examinar si estamos cumpliendo las metas que nos hemos trazado en esta labor que nos ha sido entregada. Por eso, tanto padres como hijos debemos mantener metas razonables, es decir, metas muy bien pensadas, planificadas y discutidas y que estén dentro de sus posibilidades, y no metas idílicas, que debido a que es imposible su consecución, lo único que producirán será frustración.

Además, los padres deben ayudar a sus hijos a que establezcan metas medibles; es decir, metas que nos otorguen la posibilidad de ser evaluadas constantemente, para así poder determinar el progreso o retroceso que pueda estar experimentando el hijo en su anhelo de actuar con madurez en las distintas áreas y etapas de su vida.

Los padres y los hijos se deben unir para lograr metas en áreas como la vida espiritual. Como dije anteriormente, este desarrollo es importante, pues nuestros hijos deben aprender a tomar en serio a Dios, a tener intimidad y cercanía con Dios, que es saludable; y durante este proceso deben aprender a fundamentar sus valores morales y su fe en el Dios Todopoderoso. Deben tener como meta el desarrollo de la vida espiritual con medios bien planificados. La vida devocional, la vida en la iglesia, la vida de oración, la vida de lectura y estudio de la revelación de la Biblia son tareas esenciales para desarrollarse espiritualmente.

También deben tener metas de desarrollo de la vida familiar. Padres e hijos deben trabajar para aprender a amar a su familia y a vivir con respeto con sus padres y hermanos. Deben aprender a desarrollar labores, a cumplir responsabilidades dentro del seno de la familia, ayudar a mantener el orden y demostrar su participación y colaboración en las demandas diarias de la convivencia familiar.

Los hijos deben aprender un sistema de familia que les dé un buen fundamento, que les otorgue principios, valores y cimientos firmes para que cuando llegue el momento de iniciar su vida conyugal estén preparados para tomar decisiones apropiadas.

Los padres debemos disfrutar de la vida de la familia; cumplir responsabilidades y tener una buena actitud; esto mismo debemos enseñar a nuestros hijos para que imiten nuestro ejemplo, y sean un aporte a la familia que le brinda el amor y protección.

La responsabilidad exclusiva de los hijos

Cuando se marchan del hogar, los hijos deben aprender a asumir la responsabilidad total de sus vidas. Mientras vivan bajo el techo materno o paterno, seguirán compartiendo responsabilidades, y cumpliendo obligaciones, para que puedan tener derechos dentro del hogar. Compartir la casa y todas las posesiones no sólo debe ser un beneficio, también debe incluir responsabilidades.

Mientras más pasa el tiempo y más grandes son los hijos, menos injerencia tienen los padres en su estilo de vida; por eso, si ellos deciden rebelarse, y aún así quieren seguir viviendo en el hogar paterno o materno, entonces tendrán que aprender a asumir su responsabilidad total.

Si es que están provocando tristeza, conflictos o angustias en el hogar, si no quieren someterse a reglas de disciplina apropiada ni vivir con responsabilidad, y están faltando el respeto o abusando de sus padres, y si ya tienen la mayoría de edad, entonces deben salir del hogar. Ningún padre debe permitir ser destruido por hijos mayores rebeldes.

Mientras los hijos van compartiendo responsabilidades con los padres, van teniendo la oportunidad de ser formados para que aprendan a establecer su propio sistema de valores y aprendan a desarrollar una ética personal que les permita vivir saludablemente. Tenemos la responsabilidad de preparar a los hijos para cuando tengan que asumir su propia responsabilidad.

Los padres y los hijos deben conversar acerca de cómo deben desarrollar relaciones interpersonales saludables, y los padres deben ayudarles para que entiendan cómo vivir una vida de pureza moral. También los padres deben enseñar a sus hijos sobre cómo tener un noviazgo con propósito y entregarles principios para que tengan la posibilidad de elegir personas maduras y con buenos valores. Debemos prepararlos para el momento de su responsabilidad total.

Debemos ayudarles a que aprendan a elegir una ética de trabajo apropiada; enseñarles cómo tener un compromiso con la excelencia, y cómo desarrollar planes y metas sabias y apropiadas.

Los hijos deben saber que si deciden marcharse del nido paterno o materno, también tendrán que aprender a cumplir responsabilidades que son esenciales para su supervivencia. En su etapa de responsabilidad deben entender que son responsables de elegir un estilo de vida de acuerdo con valores apropiados. Son responsables de desarrollar su propia autoestima.

Los hijos deben entender que en esta etapa de independencia, son ellos y no sus padres los responsables de las elecciones que realicen, de sus acciones y reacciones, del comportamiento que tienen con sus padres, con sus compañeros de trabajo, de estudio, con sus socios, con sus clientes, sus amigos, y también con sus esposas e hijos, de lo que comen, de lo que leen y de todas sus elecciones. Deben saber que son responsables de lo que hablan, de lo que escuchan, de su desarrollo, de su realización y felicidad.

Si los padres cumplen su obligación de formar a sus hijos en la etapa de total dependencia, les siguen guiando en su proceso hacia la independencia y están dispuestos a responder con amor cuando busquen su consejo en la etapa de independencia, habrán desarrollado un tipo de relación que les permitirá elegir vivir con excelencia.

Capítulo VI

El desafío de enseñar a los hijos
a evitar los extremos

Debido a que aun las virtudes llevadas a los extremos
se convierten en defectos que no nos permiten vivir con
excelencia, es deber de los padres enseñar a los hijos a vivir
vidas equilibradas y libres de dependencias.

Uno de los más grandes desafíos que enfrentamos los seres humanos es vivir una vida equilibrada. Vivir evitando los extremos es un desafío tanto para los padres como para los hijos. Lo más fácil en la vida es irse a los extremos. En forma natural tenemos la tendencia a hacerlo porque para poder vivir una vida equilibrada se necesita determinación y disciplina.

Los niños, los jóvenes y los adultos batallamos con la misma tendencia al desequilibrio. Todos tendemos a hacer algo que nos apasiona simplemente porque nos apasiona sin que nos importen las consecuencias. Irse a los extremos es siempre dañino y peligroso, pues aun las virtudes llevadas a los extremos se convierten en serios defectos. Por ejemplo, la virtud de la buena comida, cuando se la lleva al extremo se convierte en gula. Si nos dejamos llevar por la pasión por la buena comida y por ello rompemos los principios de una buena nutrición en vez de comer con conocimiento y prudencia, sufriremos severas consecuencias.

La virtud del descanso llevada al extremo nos conduce a una vida de vagancia. Esto no sólo puede ocurrir a los hijos, también ocurre con los padres. La virtud de relajarse, y disfrutar de un tiempo de recuperación y diversión, puede ser llevada al extremo de la irresponsabilidad.

La virtud de la responsabilidad y el trabajo esforzado puede conducirnos a otros extremos de irresponsabilidad. Los padres nos volvemos irresponsables cuando, debido a nuestro gran deseo de ser buenos proveedores para nuestras familias, nos convertimos en «trabajólicos» que respondemos bien económicamente y en la vida profesional, pero que actuamos irresponsablemente en la vida familiar.

Nosotros los adultos podemos atestiguar que no paga bien hacer mal, que no trae buenas consecuencias vivir desequilibrada o irresponsablemente. Por ello, nuestro objetivo al hablar y corregir a nuestros hijos durante todo el período de la niñez y la preadolescencia es enseñar que sus actos extremos tienen consecuencias, y por ello queremos enseñarles a vivir con equilibrio para que vivan una vida de excelencia.

Una sociedad extrema

Lamentablemente vivimos en una sociedad permisiva con grandes tendencias a los extremismos. Muchos caen víctimas del consumismo, del materialismo, del sexismo, del egoísmo, del emocionalismo y muchos otros «ismos» que motivan el desequilibrio.

En nuestra sociedad existe una tendencia al liberalismo y al relativismo. Por eso se quiere dar a los hijos una libertad que no saben manejar. El liberalismo quiere que las adolescentes decidan si usarán la píldora del día siguiente, si deben o no tener relaciones sexuales y aun si deben o no practicarse un aborto. Vivimos en una sociedad extrema que enseña extremos y por ello se hace más difícil la tarea de enseñar a nuestros hijos a vivir una vida equilibrada.

Cada vez es más difícil para los padres establecer buenos sistemas de disciplina y cada vez la sociedad quiere dar a los hijos mayor libertad de elegir, aun desde pequeños. En estos días existe un debate en California para determinar si se debe establecer una ley que prohíba el castigo físico a los niños. Por eso uno es testigo del constante desafío de los niños y la indiferencia o impavidez de los padres. Uno puede ver a un hijo de tres años insultando a su madre y a ella quedarse mirándolo confundida, sin saber qué hacer o siguiendo las instrucciones de sicólogos liberales que le motivan a dejar que el niño se calme a sí mismo. Hoy es muy difícil ser un maestro en las escuelas primarias y mucho más en las escuelas secundarias. La falta de respeto, la apatía, la falta de sometimiento a la autoridad, la sobreprotección de los padres, las leyes que dan libertades que los niños no saben manejar, y la rebeldía creciente de los muchachos hacen que sea casi imposible ser un educador y que los maestros sólo dicten clases y eviten otro tipo de formación.

Padres ausentes

Cada vez existen más padres ausentes. No sólo que más hijos están siendo criados sólo por sus madres, sino que también cada vez los padres y madres están más ocupados, cada vez tenemos más padres y madres que trabajan y cada vez más hijos que son criados por otras personas o en los jardines de infantes de las escuelas. Cada vez existen más adolescentes criando hijos y cada vez existen más hijos que no pueden pasar el tiempo que necesitan con sus padres. Es destructivo para los hijos que los padres estén alejados y no involucrados y es también destructivo que existan más padres sobreprotectores que crían hijos malcriados por no permitirles vivir las consecuencias de sus malas elecciones y rebelión. Los hijos deben entender que cada vez que los padres nos ubicamos entre el comportamiento equivocado y las consecuencias que deben vivir por la intención de proteger o demostrar nuestro amor, estamos rompiendo la conexión entre la conducta y las consecuencias. Cada vez que tratamos de evitar que nuestros hijos sufran las consecuencias de sus acciones erróneas, a pesar de las buenas intenciones, estamos haciendo un daño pues estamos impidiendo que el niño aprenda las lecciones que necesita aprender.

Debido a que nuestros hijos no han vivido los años que nosotros hemos vivido, ni han aprendido lo que nosotros hemos aprendido, no siempre conocen las terribles consecuencias de un estilo de vida inapropiado. Los padres que cometen el error de aplicar una protección excesiva producen hijos emocionalmente inválidos, que con frecuencia conservan sus características de dependencia de sus padres y una especie de adolescencia perpetua. Ese sistema de dependencia que aprenden en su temprano proceso de desarrollo les abre las puertas para que más tarde tengan otras dependencias.

> *Los padres debemos permitir que nuestros hijos sufran las consecuencias indeseables por sus actos irresponsables. Los hijos, de vez en cuando, tienen que probar el fruto amargo que produce la irresponsabilidad, para que sean motivados a vivir con responsabilidad.*

El error de seguir a la mayoría

La mentalidad que domina en la cultura que vivimos es un sistema de pensamiento liberal y relativista que no está interesado en Dios y sus más altos principios morales. Los padres libraremos una gran batalla si queremos que nuestros hijos decidan vivir basados en principios divinos y eligiendo la más alta moralidad. El bombardeo de la sociedad y el descuido de los padres es una combinación letal que dejará a nuestros hijos vulnerables y movidos por la presión de la mayoría. Lamentablemente es la mayoría la que está votando en las elecciones y eligiendo gobernantes más liberales y que buscan más aceptación de estilos de vida reñidos con los valores basados en la Biblia. Esa mayoría influencia los gobiernos, el cine, la cultura, el arte, los medios de comunicación, los lugares de trabajo, las universidades, etc. Esa mayoría presiona inmensamente a nuestros hijos y para ellos es muy difícil soportar la presión. Muchos de los jóvenes cristianos más resistentes tienen que tener mucha fortaleza para vivir santamente. Muchos jóvenes cristianos determinan vivir un doble estándar y tienen un estilo de vida en su iglesia y familia y otro muy diferente cuando están rodeados de la mayoría que no acepta sus principios.

En la Biblia se habla con claridad del terrible error que cometen los cristianos cuando intentan vivir agradando al sistema de pensamiento del mundo que mayoritariamente les rodea. El apóstol Juan dice que «todo lo que hay en el mundo, los deseos de la carne, los deseos de los ojos y la vanagloria de la vida» son parte de este sistema corrupto de pensamiento (1 Juan 2.16). Lamentablemente, ése es el sistema reñido con los principios divinos. Es una mentalidad materialista y emocionalista que depende de los gustos, de las pasiones y que desafortunadamente es regida por las reglas de moralidad y de conducta que elige cada individuo. Ellos no quieren que nadie les imponga otras reglas que no sean las que ellos mismos han adoptado. La mentalidad liberal no quiere tener un sistema común basado en la Biblia y su extraordinaria moralidad. Ellos desean que cada individuo elija sus leyes morales a pesar de que no hacemos lo mismo con otro tipo de leyes. Las leyes de tránsito no son leyes que pueden ser adaptadas a los deseos, gustos o pasiones de cada individuo. Cada ciudadano no puede establecer sus propias leyes de tránsito; todos tenemos una ley común y todos tenemos que respetarla y todos los que no la respetan tienen que sufrir consecuencias y las consecuencias tienen que ser parejas y justas. Todos estamos de acuerdo que existan autoridades que exijan que esas leyes sean respetadas.

Los cristianos creemos que lo mismo debe ocurrir con la moralidad, pero la sociedad no quiere someterse a leyes divinas. La Biblia nos enseña que si nos hacemos amigos del mundo nos constituimos en enemigos de Dios. Esto no significa que no podamos tener amigos que no son cristianos; significa que si nosotros entregamos nuestra lealtad y amistad a los principios y valores humanistas y relativos que existen en este mundo, no podemos cumplir los mandamientos divinos y al no cumplirlos nos estamos constituyendo automáticamente, y por nuestra propia elección, en enemigos de los principios divinos.

Dios no quiere que seamos enemigos de la gente que vive en el mundo, pero tampoco quiere que seamos amigos de los principios y valores temporales y relativos de este mundo que están en contra de la moralidad divina.

El apóstol Pablo, escribiendo a los cristianos en Roma, les dice que a pesar de la presión del sistema romano, pagano e inmoral, y que a pesar de la presión de su sistema de gobierno opresivo y de esa mentalidad sin Dios, no se dejen seducir. Les dice: «No os conforméis a este siglo» (12.2). Literalmente la palabra significa que no se mimeticen, que no se adapten, que no sean como el camaleón que cambia de color según la ocasión. Su orden es que no adapten su estilo de vida a la filosofía de pensamiento sin Dios de la mayoría del mundo.

Esta tendencia a conformarnos a las ideas que ignoran a Dios no solamente afecta a los adolescentes, también nos afecta a nosotros los padres en otras áreas de nuestra vida. Así como un adolescente puede ser presionado por el sistema mundanal a tener relaciones sexuales prematrimoniales, así somos presionados los padres a tener relaciones sexuales fuera del matrimonio.

La mentalidad materialista nos presiona a tener más cosas. Nos presiona a tener cosas que no son esenciales y que las compremos con dinero que no tenemos. Nuestros hijos deben entender que tanto ellos como nosotros tendremos la tendencia a conformarnos a las ideas de este mundo. Pablo ordena que los que creen en la Biblia, los que creen en Dios no se conformen a la mentalidad liberal del mundo y luego añade lo que sí debemos hacer cuando escribe: «Sino transformaos por medio de la renovación de vuestro entendimiento» (Romanos 12.2).

El acierto de elegir una nueva filosofía

Padres e hijos debemos elegir una filosofía de vida distinta a la que tiene la mayoría porque en forma natural no elegiremos vivir bajo principios divinos. Lamentablemente, en forma natural elegiremos el pecado, tendremos la tendencia a vivir vidas desequilibradas. En forma natural elegiremos satisfacer nuestras pasiones, aun con acciones extremas. En forma natural nos iremos a las dependencias, o aceptaremos la presión de otros para vivir como vive la mayoría. Por eso, los padres y los hijos, tenemos la responsabilidad de ir acomodando nuestra vida a los principios y valores divinos, y batallar con nuestras tendencias y pasiones y someterlas a la voluntad de Dios. Por eso debemos transformarnos, porque nuestra naturaleza pecaminosa nos incitará al pecado. La fórmula para realizar esta transformación la entrega el apóstol Pablo. Nos ordena que renovemos nuestro entendimiento. Que pongamos nuevos principios morales en nuestra mente. Nos ordena que estudiemos los valores divinos y los adoptemos. Que aprendamos nuevos valores que se impongan a nuestras pasiones y a los conceptos que hemos aprendido y archivado en nuestra mente y vivamos con estos nuevos principios basados en la Biblia. Debido a que este nuevo sistema de pensamiento no aparecerá por si solo en nuestra mente y ni los padres ni los hijos lo elegiremos en forma natural, es esencial que padres e hijos conversen abiertamente de esta nueva filosofía de vida que adoptará la familia. Los padres deben vivir estos principios y enseñarlos a sus hijos y entender que así como no fue natural para ellos aprender a vivir esta nueva vida, así tampoco sus hijos la elegirán en forma natural e incluso, en muchos casos, se resistirán a ella.

Es clave que los padres enseñen en la niñez, refuercen en la preadolescencia y sean firmes en la adolescencia. Cuando los padres no tomen el tiempo para enseñar principios de alta moralidad durante la niñez y quieran hacerlo cuando los niños ya se hayan convertido en adolescentes y jóvenes tendrán una dura batalla pues sus hijos ya han sido influenciados de alguna manera por otros, especialmente las amistades y los medios de comunicación.

Mientras más temprano en la vida comencemos a enseñar estos principios, menos necesidad habrá de renovar el pensamiento que con el paso de los años han ido construyendo. Mientras más demoremos, más pensamientos habrán aprendido de los amigos, de la sociedad, de las películas, de los libros, de los maestros, de la televisión, y, por lo tanto, se librará una batalla más dura en la mente de los muchachos y será más difícil vivir sometidos a una alta moralidad bíblica.

Los padres y los hijos deben entender que esta no es una batalla entre ellos, sino contra un sistema de pensamiento liberal destructivo. Que con la ayuda de este libro, deben tener conversaciones como amigos no para atacar a los hijos para que sigan ciegamente los deseos del padre, ni para atacar a los padres para que se imponga la inexperta forma de pensar del adolescente o del joven. Padres e hijos deben proponerse atacar los sistemas de pensamientos destructivos y peligrosos que adopta la mayoría.

En un mundo en que todos recibiremos una fuerte presión para vivir una vida desequilibrada, es esencial que aceptemos las palabras del apóstol Pablo. Él dice que no permitamos que la filosofía mundanal, que nos daña, y que no tiene interés en Dios, nos convenza y determinemos amoldarnos a su manera de pensar.

Pablo enseña que los padres e hijos que aman a Dios y aceptan los principios bíblicos como regla de moralidad no deben dejarse dominar por el sistema de pensamiento de este mundo que prefiere una filosofía liberal. Padres e hijos deben determinar que lucharán en unidad contra todo lo que pueda destruir sus vidas y sus familias y las costumbres que les impida vivir con la más alta moralidad.

La asistencia a las fiestas

Por supuesto que las fiestas son neutras. Pueden ser buenas o malas, dependiendo de lo que ocurra en ellas y de las personas que asistan. Lamentablemente, es muy difícil encontrar una fiesta que reúna las condiciones para que sea declarada no peligrosa. Una fiesta es buena cuando permite la socialización saludable, el desarrollo de amistades con sabiduría, el entretenimiento y la diversión dentro de límites morales y existe supervisión de personas maduras, que tienen buenos límites, que actúan con firmeza, ternura y autoridad y se desarrolla en un ambiente de alta moralidad. Una fiesta puede ser dañina y destructiva a pesar de las buenas intenciones cuando no existe control de adultos responsables, cuando existe un gran número de adolescentes o jóvenes que no pueden ser controlados y cuando los asistentes no saben controlar sus emociones. La fiesta es mala y destructiva cuando existen excesos, cuando asisten jóvenes que son dominados por sus adicciones, donde con o sin él se introduce alcohol, marihuana o drogas y donde existe libertad para encuentros amorosos apasionados entre jóvenes que dicen estar enamorados.

Desde pequeños nuestros hijos asisten a fiestas. Se les invita a fiestas de cumpleaños y les permitimos ir o vamos con ellos porque tenemos una relación de confianza con las personas que invitan. Por eso, la edad en que pueden ir a fiestas nuestros hijos no tiene que especificarse. Ellos han ido a fiestas desde pequeños. El desafío es mantener el mismo control en una edad diferente de nuestros hijos. Ni cuando son pequeños, ni cuando son grandes debemos permitir que asistan a fiestas si a ellas asistirán niños malcriados, peleones, con malas costumbres, con lenguaje soez o costumbres que no conocemos. Las mismas reglas deben aplicarse a nuestros hijos adolescentes y a nuestros jóvenes. Ellos no deben asistir a hogares que no conocemos, donde hay padres en quienes no confiamos y donde los asistentes tienen malas costumbres o desconocemos su estilo de vida.

Los padres debemos recordar y los hijos deben aprender que es nuestra responsabilidad cuidarlos y que nuestras reglas son indispensables para que ellos tengan relaciones saludables. Es que la mayoría de los jóvenes inician costumbres contrarias a los valores de sus padres cuando salen con sus amigos, en las escuelas, cuando visitan las casas de sus amigos o en las fiestas. En esas circunstancias y en esas relaciones los jóvenes son más vulnerables y son más presionados. Es muy difícil encontrar a un joven que tenga la valentía de rechazar la presión de amigos. Muchos jóvenes aun aceptan la influencia de desconocidos y es muy difícil que al recibir la presión para hacer lo indebido, el joven determine abandonar el lugar y no volver a juntarse con aquellos amigos que son una mala influencia. La mayoría de los adolescentes respetan a sus amigos y no tienen el valor de mantener su posición, de ser ellos mismos, aunque se burlen y les molesten; prefieren acomodarse a lo que otros les demandan para ser aceptados por el grupo.

Estoy convencido que es muy difícil encontrar una fiesta en que no exista peligro y, por lo tanto, creo que no debemos permitir que nuestros hijos tengan la costumbre de asistir regularmente a fiestas. La costumbre de muchos jóvenes es ir cada fin de semana a una fiesta y esa no es una costumbre que debe ser permitida. Hay ocasiones en que se puede considerar una invitación pero se deben tomar una serie de medidas que permitan a los padres tener el control.

Deben ser fiestas por razones específicas como un cumpleaños y en casas de amigos de la familia con quienes tenemos suficiente confianza y estamos seguros que sus valores cristianos son similares a los nuestros. Debemos estar de acuerdo con los padres de quienes son anfitriones de la fiesta y tener el compromiso de que ellos tendrán permanente supervisión, que no permitirán que nadie abandone la casa y que no permitirán extraños en el lugar. Muchos jóvenes acostumbran invitar a otros amigos a una fiesta y permitir esas invitaciones pone en riesgo la seguridad de los demás y en peligro de que los desconocidos practiquen algo no acostumbrado. Los padres debemos ir personalmente a dejar y a buscar a nuestros hijos o encargar a alguien que tiene toda nuestra confianza. Es necesario asegurarse que siempre un adulto estará presente y que los padres anfitriones sepan que legalmente ellos son responsables de la seguridad y la integridad de todos los que están bajo su supervisión. Debemos asegurarnos que los padres anfitriones tengan una lista de todas las personas invitadas y que nuestros hijos sepan muy bien lo que pueden o no pueden hacer.

Estoy convencido que no debemos permitir que nuestros hijos acostumbren quedarse a dormir en casas ajenas y que excepcionalmente podemos permitir que lo hagan si existe un alto nivel de confianza y sabemos que los padres de los muchachos que invitan tienen buenos limites y saben reforzarlos.

Alcohol y drogas

Muchos adolescentes y jóvenes saben que el uso de la droga les perjudica y que incluso puede llevarlos a la locura y en algunos casos, a la muerte, pero aun así algunos eligen ese camino destructivo. Muchos jóvenes, en forma inocente y por la presión que realiza un grupo en forma insistente, se inmiscuyen en un estilo de vida que les producirá terribles consecuencias.

Por lo general, la introducción al uso de drogas u otras dependencias se realiza en medio de una atmósfera social y generalmente entre amigos. La marihuana o las píldoras pueden ser distribuidas en las reuniones de los muchachos o en salidas con algún amigo. También en las fiestas donde existe una inmensa presión de grupo pues es un lugar en que muy pocos tienen la valentía de decir que no y las suficientes agallas como para rechazar algo que saben que les va a perjudicar. Los jóvenes tienden a querer vivir en medio del sistema que han adoptado los demás y aunque no siempre quieren llegar tan lejos como han llegado algunos de sus compañeros o amigos, tienden a aceptar influencias pequeñas que poco a poco se van convirtiendo en más dominantes.

Lamentablemente, la necesidad de aprobación social generalmente es la causa del inicio de muchos hábitos destructivos como las dependencias de drogas y alcohol.

La presión de grupo es una de las principales causas para que los jóvenes se conviertan en dependientes. Ellos tienen deseo de contemporizar y divertirse, pero no siempre saben protegerse. Se muestran fuertes con sus padres pero son débiles cuando se trata de resistir la presión de otros. A veces por vergüenza, otras por temor o por cualquier razón, terminan aceptando lo que piensan que iban a vivir rechazando. Muchos jóvenes me han compartido sus terribles experiencias y la verdad es que nunca he escuchado un testimonio de un joven que me haya dicho: «Yo sabía lo que quería y desde pequeño quería estar metido en el mundo de las drogas y lo disfruto». Todos han sido sinceros para decir que nunca pensaron que se convertirían en dependientes y que comenzaron poco a poco, por influencia de amigos o por simple curiosidad.

Una batalla que todos deben librar

Resistirse a convertirse en dependientes es una lucha que tarde o temprano todos los jóvenes van a librar. He preguntado a muchos jóvenes y todos me han dicho que en algún momento han sido invitados o presionados a hacer lo incorrecto. La presión y la invitación a vivir bajo principios liberales y relativos llegarán a todo joven y lamentablemente no todos la resistirán.

La verdad es que tengo muy pocos recuerdos de mi niñez. Todo lo que recuerdo es lindo y tal vez es sólo producto de mi mala memoria que me ha permitido olvidar algunas experiencias dolorosas que seguramente viví. Pero, si comparo el ambiente en que yo viví con el mundo que vivieron mis hijos, creo que existe una diferencia abismal. Sé que existía presión para involucrarse en el consumo de marihuana y alcohol, porque personas cercanas a mí me han contado sus experiencias dolorosas, pero por la misericordia de Dios nunca nadie me ofreció marihuana, nunca tuve un amigo involucrado en el mundo de las drogas y aunque fui presionado y ridiculizado por no consumir alcohol, nunca me hice amigo de ningún dependiente.

Luego tuve que batallar inmensamente para proteger a mis hijos y no siempre con buenos resultados. La influencia y la presión llegaron, a pesar de que en gran parte de su tiempo de estudios mis hijos asistieron a una escuela cristiana y la mayoría de sus compañeros eran hijos de misioneros. No existe vacuna contra las dependencias ni lugar donde no existan víctimas del alcohol, del sexo, de la pornografía, de las drogas, de la marihuana.

Cada vez que pienso en lo destructivo del sistema de pensamiento liberal actual, es inevitable que piense en el mundo difícil que tendrán que vivir los hijos de mis hijos. Si para nosotros fue difícil, hoy es casi imposible que los jóvenes eviten estar en contacto con amigos que consumen drogas, marihuana o alcohol. Están en todo lugar y es angustiante. Sin estar en contacto con ese mundo destructivo he vivido experiencias dolorosas sólo al aconsejar a padres que están batallando porque sus hijos de trece años en adelante ya están involucrados en dependencias. Con el dolor del corazón una de las parejas que he aconsejado acaba de enviar a su hija de catorce años a una escuela especial fuera del estado de California para que entre en un programa de diez meses para controlar su dependencia de las drogas. Es doloroso, pero real. Una hermosa niña, tierna y con gran potencial, ya comenzó a ser destruida por una dependencia a pesar de asistir regularmente a una congregación, a pesar de todo el cuidado y los valores que sus padres le enseñaron. No sólo es doloroso pensar en el mundo difícil que enfrentarán nuestros nietos sino que es triste pensar en las consecuencias que muchos jóvenes vivirán. He visto a jóvenes compañeros de la escuela secundaria de mis hijos que se han convertido en vagabundos. He visto padres jóvenes que tenían todo el potencial para ser brillantes, pero que hoy libran una dura batalla para sólo mantener a su familia, trabajando en trabajos de sueldo mínimo, debido a que su cerebro quedó dañado por el consumo de drogas. He visto a madres que han perdido a sus hijos, a padres que están en prisión, a hijos que no encuentran paz ni realización debido a que han elegido alguna adicción.

Nadie está libre de las presiones que pueden llevarle a diferentes adicciones. Pero toda persona es libre para elegir relacionarse con prudencia y evitar las circunstancias y las personas que pueden involucrarle en alguna dependencia.

Si todos corremos el riesgo de adoptar dependencias, tengamos mucho cuidado con los factores de riesgo

Todos estamos de acuerdo: las autoridades, los ministros, los padres y sus hijos. Todos sabemos que existe mucho riesgo en la sociedad, pero no todos han determinado vivir luchando con firmeza, persistencia y determinación contra toda amistad, relación o grupo que pueda llevarnos a una vida de adicción. Es imprescindible que quienes deciden vivir una vida fructífera y realizada determinen que evitarán todo tipo de amistad y toda relación que ponga en riesgo su integridad personal y su sobriedad.

Tanto padres como hijos estamos sometidos a la influencia de determinados factores de riesgo que pueden estimular el consumo de alcohol y otras drogas. Ninguna persona se convierte en dependiente en un instante. Las dependencias son el resultado de un proceso y de no haber sabido enfrentar los factores de riesgo con excelencia. Esa es la razón por la que los padres y sus hijos deben hablar de los distintos factores de riesgo que existen en medio de la sociedad:

1. El fácil acceso al mundo de las drogas. Hoy es posible conseguir drogas en muchos lugares. Los vecindarios más pobres y donde existe más violencia y necesidad son lugares de alto riesgo. También son lugares de alto riesgo las relaciones entre los muchachos de clase alta pues debido a sus posibilidades económicas y a las mismas tendencias pecaminosas que existen en toda clase social, son blanco de quienes trafican y lucran con estos instrumentos de destrucción. En los lugares pobres, los traficantes operan más públicamente y en los de clase media y alta más privadamente. En California son conocidas por los muchachos algunas ciudades donde van a comprar droga. Debido a que existen muchas casas donde las consumen y las venden, las autoridades son incompetentes y no pueden erradicar este lucrativo negocio.

En las escuelas, colegios y universidades los muchachos saben con quienes pueden relacionarse, conocen a algunos que consumen y también quienes pueden proveer drogas regularmente. Hoy más que nunca es fácil el acceso al mundo de las drogas y por ello cada vez más jóvenes quedan atrapados en la dependencia.

2. La falta de madurez. Ninguna persona madura y que desea ser un buen mayordomo de su vida y familia, que busca el consejo sabio, que entiende su responsabilidad y los efectos destructivos de las dependencias y lo maravilloso de un mundo de amor, alta moralidad, sabiduría y excelencia, caerá en las garras de una dependencia.

Las personas se convierten en dependientes por una falla de carácter. Esa es la razón porque la edad del posible consumidor también es un factor de riesgo. En la inmadurez y cuando los muchachos aún no han determinado someterse a los más altos valores morales es cuando son más vulnerables. Cuando los muchachos están pasando por cambios hormonales y pasan por temporadas de depresión, aumentan los riesgos de consumo. El sexo también influye pues los varones tienden a consumir alcohol y otras drogas en mayor proporción que las mujeres.

Otro factor que pone en riesgo a los jóvenes —y los padres y los hijos deben hablar con libertad de esta realidad— es el carácter de cada hijo. También motivan las dependencias la falta de un carácter firme: los jóvenes más influenciables, que tienen problemas para decir no y que no quieren ser ridiculizados. Están en riesgo de caer en dependencias los adolescentes con problemas de personalidad o que no han aprendido a relacionarse socialmente con sabiduría. Problemas típicos de la inmadurez de una persona son la falta de conocimiento y determinación para establecer limites, la dificultad o la falta de herramientas para resolver conflictos, la baja autoestima de los muchachos, el no saber cómo manejar la frustración, la falta de sabiduría para ocupar el tiempo libre, la falta de capacidad para manejar las crisis personales; todos son factores que producen un riesgo más alto de caer en dependencias.

3. El entorno social. La situación caótica de una familia y el ambiente destructivo de relaciones familiares violentas o conflictivas también influyen. Las tristes consecuencias emocionales de un divorcio pueden producir estados depresivos que dejan a los hijos más vulnerables. La pérdida de los seres queridos, la destrucción de la vida familiar, la falta de comunicación y unidad en la familia y un ambiente de tensión pueden motivar a los adolescentes a buscar con más apuro, deseo e inmadurez sus fuentes de relajamiento y diversión. El consumo de alcohol y otras drogas por miembros de la familia puede motivar a los adolescentes y jóvenes a imitar esos comportamientos destructivos. La fuerte presión del grupo de amigos o compañeros motiva a muchos jóvenes a elegir alguna conducta extrema.

A esto podemos agregar la presión que realiza la sociedad: las ideas culturales de celebrar todo hasta emborracharse, la tendencia de los adultos a emborracharse por las tristezas y por las alegrías, por los fracasos y por los éxitos y de los jóvenes de no poder divertirse sin el consumo de alcohol. Producen factores de riesgo las ideas erróneas de que se es más hombre, más moderno, más maduro o más fuerte cuando se fuma, se toma o se consumen drogas. La influencia que produce el estilo de vida de los ricos y famosos, la presión de la publicidad de las empresas que venden productos que producen dependencias como cigarrillos y alcohol, son fuertes motivaciones para cometer terribles equivocaciones.

El fácil acceso al mundo de las drogas y del alcohol, la inmadurez de los adolescentes y el entorno social conflictivo y liberal son factores de presión constante que exigen que los padres y los hijos tengan una estrategia inteligente para no convertirse en dependientes.

Si para vivir una vida saludable se necesita tener control, ¿por qué arriesgarse a perderlo?

Una persona que se deja dominar por una dependencia pierde el control de su vida y de sus acciones. La dependencia es el rompimiento de la voluntad de un individuo y cuando se cae en ella, la persona vive sujeta a una sustancia externa que toma control de su vida. Las dependencias no sólo producen un problema familiar, sino un problema personal ya que introduce al joven en un círculo vicioso del cual cuesta mucho salir.

Una vez que un joven se ha convertido en dependiente, no puede controlar sus acciones. Ya no dominan sus valores sino la exigencia de la satisfacción de una necesidad que fue creada. La moralidad que antes le decía que no robara dinero de sus padres queda subyugada a la presión por obtener alcohol o drogas y por su dependencia deja de actuar con sabiduría y prudencia. El respeto que mantenía por sus padres y su deseo de nunca gritarles y evitar todo maltrato o mundo de violencia, será eliminado por la necesidad de la droga, marihuana, alcohol u otra dependencia.

Los jóvenes deben recordar que para llevar una vida saludable, deben saber controlarse. Cuando las señoritas pierden control de sus vidas y ya no están tomando determinaciones por sus convicciones sino que son movidas por sus adicciones, querrán huir de la disciplina de los padres, dejar sus estudios, abandonar la estructura del hogar y dejarse manipular por sus pasiones desordenadas y por la falta de control de sus propias vidas. De esta manera terminan relacionándose con individuos irresponsables o quedando embarazadas.

Las dependencias hacen perder el control en muchos aspectos de la vida. Por eso no se permite conducir automóviles a personas bajo la influencia del alcohol, pues debido a la falta del control necesario pueden convertirse en asesinos. Por eso, se recomienda que los pacientes que debido a enfermedades deban tomar medicinas tranquilizantes o para combatir el dolor no operen maquinarias, pues ponen en peligro su vida y la de los demás. Las drogas y el alcohol hacen que el individuo pierda el control no sólo mientras las consume, sino cuando siente la necesidad de consumirlas pues para lograr satisfacer la necesidad que ha creado, puede actuar en contra de todos los principios saludables que antes había adoptado.

Si por elegir dependencias tendrá malas consecuencias, ¿por qué tiene que buscarlas?

Muchas personas que han elegido la drogadicción, la dependencia de la marihuana o el alcoholismo, mantienen su relación conyugal por muchos años o nunca se divorcian y otros siguen siendo parte de un sistema familiar, pero la realidad me indica que nunca he visto un dependiente que tenga una vida personal o familiar excelente. Nunca he visto a un dependiente, es decir a una persona que ha elegido vivir una vida no saludable que tenga relaciones conyugales o familiares saludables. Quien elige dependencias siempre tendrá malas consecuencias.

El último en enterarse de su adicción es el propio adicto y cuando se entera, ya ha causado una larga cadena de daños en su entorno y entre quienes conviven con él, generalmente, a pesar de que los que le aman han agotado los recursos a su alcance para lograr la mejoría del enfermo. La verdad es irreversible. Todo el que se involucra en dependencias está eligiendo consecuencias destructivas.

El consumo de drogas y alcohol provoca alteraciones en la conducta del trabajador que van a tener una repercusión directa en su rendimiento laboral.

El alcohol, aunque se consuma en dosis bajas, provoca alteraciones perceptivas, más demora en el procesamiento de la información y mayor dificultad para concentrarse. Esa es la razón porque no se evalúan bien los riesgos.

El consumo de la marihuana provoca dificultades para la realización de tareas complejas, reduce la atención de la persona y produce alteraciones en la percepción de una situación y en la reacción frente a ella. La marihuana afecta de forma notable la conducción de vehículos y el manejo de maquinaria y pone en peligro a la persona.

Los consumidores de estimulantes como las anfetaminas o la cocaína pasan por constantes estados de ansiedad y tiempos depresivos, de ira, y tienen trastornos del sueño.

Todo estudiante, todo trabajador, todo miembro de una familia que los consume tiene mala actitud, tiende a mantenerse tenso, realiza mal su trabajo y se reduce su rendimiento. Los estudiantes pierden la disciplina para continuar su educación eficientemente y tienen problemas en su familia regularmente. En la familia aumentan los conflictos en las relaciones interpersonales. En los trabajos no son todo lo productivo que podrían ser. Los consumidores ponen en riesgo sus vidas, sus estudios, sus trabajos y sus relaciones familiares.

Nunca he visto a una persona que eligió una dependencia, es decir, que eligió vivir una vida no saludable, que tenga relaciones conyugales o familiares saludables. Quien elige vivir como dependiente no puede tener relaciones excelentes, pues quien pierde el control de su vida causa dolor a sus seres queridos. El vivir con dependencias siempre producirá malas consecuencias.

Características de una relación familiar que es más efectiva en la prevención

Así como tienen características comunes las familias más vulnerables y con más posibilidades de vivir en el mundo de las dependencias, así también las familias que son más fuertes y están más preparadas para resistir las presiones y ataques tienen ciertas cualidades que les dan una mejor protección.

Estoy convencido que existen ciertas conductas y estrategias que nos permitirán resistir la maldad con mayor fortaleza y entregar las herramientas y el conocimiento necesario para que nuestros hijos tengan la capacidad y el conocimiento para elegir no caer en el mundo de las dependencias. No creo que exista una fórmula que nunca falle, pues somos seres humanos que tenemos un libre albedrío y cuando las circunstancias varían o en las condiciones de mayor vulnerabilidad podemos tomar decisiones muy erróneas que revelan que somos influenciados por la maldad. En mis materiales y en mis conferencias repito constantemente que los padres no somos responsables de las elecciones que hagan nuestros hijos, pero sí somos responsables de entregarles los valores que necesitan para que tomen elecciones maduras y responsables. Esto deben entenderlo los padres y los hijos. Si los hijos determinan vivir como dependientes de algún tipo de drogas, los padres debemos tomar todas las medidas para no apoyarlos directa o indirectamente en sus elecciones erróneas y poner desde los límites más elementales hasta los más drásticos cuando deciden vivir dominados por alguna dependencia.

Mencionaré algunas de las características que permiten una mayor protección para nuestros hijos:

Vivir y enseñar a los hijos una vida de espiritualidad saludable

Si los padres aman a Dios y se esfuerzan por vivir bajo los principios morales que Dios demanda, no solamente vivirán una vida saludable, sino que, además, enseñarán a sus hijos a vivir bajos los mejores valores morales.

Los estudios dicen que una vida espiritual genuina de los padres y de los hijos produce un efecto positivo y los muchachos tienen menos posibilidad de sucumbir a las presiones para involucrarse en dependencias. Los adolescentes que tienen una vida espiritual adecuada tienen menos posibilidades de convertirse en alcohólicos, drogadictos y aun de tratar alguna vez con drogas ilegales, que aquellos que fueron criados sin un concepto apropiado de Dios o sin vivir una vida de entrega y práctica de sus creencias.

Los estudios incluso indican que vivir una vida espiritual seria y saludable ayuda a las personas a recuperarse con más rapidez de las dependencias.

Como mencionamos anteriormente, la doctora Lisa Miller y sus colegas de la Universidad de Columbia que realizaron un estudio de 676 adolescentes entre 15 y 19 años concluyeron que la espiritualidad personal protege fuertemente contra el desarrollo de dependencias. El estudio indicó que los adolescentes con un alto grado de devoción personal, con convicciones conservadoras y que eran parte de una institución conservadora, tenían menos posibilidad de involucrarse en el consumo de alcohol o de transformarse en dependientes de la marihuana o la cocaína. El estudio no se refiere a la religión impuesta por otros, que tiene poco o ningún efecto, sino a los jóvenes que han decidido personalmente vivir una vida de alta espiritualidad.[3]

Vivir y enseñar a los hijos a vivir una vida basada en valores adecuados

Ya he analizado el tema en otras partes de mi libro, por eso sólo quiero enfatizar que los padres que han elegido vivir bajo altos valores morales y que lo demuestran no solamente hablando de sus valores sino con el comportamiento que demandan esos valores, ejercen una influencia muy positiva en la vida de sus hijos. Es decir, que además de adoptar buenos valores morales, debemos traspasarlos a nuestros hijos y para que esto sea posible, debemos tener la disciplina y un plan para conseguir enseñar dichos valores. Los padres debemos ser modelos de los valores que decimos tener y que enseñamos y demandamos y, además, debemos tener una actitud adecuada que demuestre que los valores elegidos afectan toda nuestra vida. Esa vida de consistencia que demuestra valores adecuados por medio de las palabras, las actitudes y el comportamiento, entrega los elementos necesarios para que los hijos tengan la posibilidad de vivir con excelencia.

Los valores familiares son fuertes creencias personales que constituyen el fundamento por medio del cual determinan lo que es importante y lo que no es importante; lo que es bueno y lo que es malo; lo que es correcto y lo que es incorrecto.

Cada familia debe tener un grupo diferente de valores que tenga significado y sea importante para ellos y que, a la vez, los enseñen los padres. La honestidad, la cooperación, la integridad, la responsabilidad y otros deben ser parte de la filosofía de vida de la familia pues ellos influencian la forma en que se relacionan, la forma en que responden a las demandas de la vida familiar, lo que los miembros de la familia hacen en su tiempo libre, la forma en que gastan su dinero, lo que comen, en qué trabajan y cómo lo hacen y aun la forma cómo se visten.

Los niños pueden confundirse por la diferencia entre los valores de la sociedad y los de su familia. Por eso, necesitan de padres que hablen de esos valores, les hagan ver cuán importantes son, sean ejemplo de ellos y los exijan. Los padres y los hijos deben saber identificar esos valores; deben entender los fundamentos que tuvieron sus padres para elegirlos, cuáles son las consecuencias familiares y personales al rechazarlos y las recompensas de vivir conforme a ellos. Los padres que viven y enseñan a sus hijos a vivir con valores adecuados, les entregan recursos poderosos para que tengan la posibilidad de elegir bien y evitar las dependencias.

Los valores son principios en los cuales se debe basar la filosofía de vida de la familia y basados en ellos los miembros de la familia deben determinar la forma en que se relacionan, la forma como responden a las demandas de la vida familiar, lo que hacen en su tiempo libre, la forma en que gastan su dinero, lo que comen, en qué trabajan y cómo lo hacen y aun la forma como se visten y realizan sus negocios.

Vivir y enseñar a sus hijos a vivir una vida familiar saludable

Los padres sabios enseñan a sus hijos a vivir y no sólo les entregan conocimiento e información acerca de muchos aspectos de su vida, sino que también establecen una estructura familiar que debe ser respetada por todos. Las familias saludables tienen estructuras saludables y entregan recursos saludables para que los hijos elijan vivir saludablemente.

Ningún miembro de la familia sabe cómo vivir como miembro saludable de una familia. Todos, incluyendo los padres y con mayor razón los hijos, debemos aprender a vivir en familia. Debemos aprender reglas de comportamiento, respeto, relaciones y responsabilidades. Los padres debemos aprender acerca de nuestras funciones, así como de nuestros derechos y responsabilidades. Lo mismo deben aprender los hijos. Padres e hijos deben conversar acerca de lo que se permitirá y no se permitirá en la vida personal y familiar y las consecuencias que experimentarán quienes deciden no someterse a las reglas establecidas. Asimismo, los padres deben establecer los límites que tendrán en sus relaciones familiares. Es esencial que las reglas de convivencia y cooperación familiar sean bien determinadas, que tengan su fundamento en una alta moralidad bíblica, que sean bien conocidas y bien reforzadas, que sean alcanzables y medibles y que exista el compromiso y la demanda de que sean cumplidas por todos los integrantes de la familia, incluyendo los padres.

Por supuesto que el tema de las dependencias debe ser un tema ineludible de conversación y de acuerdos que permitan prevenir cualquier participación en hábitos y conductas no aceptables en la vida familiar. Creo que para poder cumplir esta meta apropiadamente, los padres deben conocer, practicar y enseñar algunas cosas importantes.

Conocer y enseñar a los hijos acerca del terrible mundo de las adicciones

Sólo estando bien informados los hijos no tendrán excusas para no actuar adecuadamente. Nadie puede evitar algo que no sabe que es peligroso y nadie puede ver la gravedad de un comportamiento sin conocer lo serio de las consecuencias. Por eso, los padres deben informarse y compartir con sus hijos la mejor información y en forma consistente y aumentar la información en diferentes etapas de la vida del hijo, de acuerdo con la capacidad de comprensión que vaya adquiriendo. Algunas de las cosas que los padres deben investigar e informar son:

1. Cómo actúan las drogas y los problemas que producen. Los hijos tendrán mejores recursos para pensar si se involucran o no en dependencias y mejor conocimiento para evaluar su decisión si los padres les entregan la suficiente información. Muchos adolescentes no tan bien informados o no convencidos por la información recibida caen inocentemente en las adicciones debido a que muchos comienzan por curiosidad y porque no tienen aún la capacidad de medir las consecuencias.

2. Cómo ocurre el proceso de adicción. Muchos adolescentes creen que ellos nunca se convertirán en adictos. Piensan que nunca llegarán al abismo al que han llegado otras personas; sin embargo, sin medir las consecuencias, están dando los pasos iniciales que conducen a consecuencias graves. Por eso es esencial que se hable de cómo todos podemos pasar de un simple consumo experimental y de una participación descuidada ocasional a la dependencia permanente.

3. Los efectos que el alcohol y las drogas tienen sobre la salud y las relaciones familiares y sociales. Los hijos y los padres deben hablar sobre las consecuencias que resultan del uso y abuso de alcohol y otras drogas en la vida familiar, la vida personal, el rendimiento y la actividad laboral, aun en la seguridad y en los resultados económicos de la empresa y de la misma familia. Muchos jóvenes han tenido que abandonar sus estudios, otros simplemente quedarse con la sola educación secundaria, otros abandonan la universidad, otros nunca pueden tener un trabajo que produzca buenos ingresos, otros nunca pueden tener una familia saludable pues condicionaron su vida debido a los efectos permanentes de su participación en drogas. Los jóvenes deben saber que existen consecuencias irreversibles al vivir con dependencias y que aunque hoy, por la inmadurez no pueden ver la gravedad de los resultados, más tarde, con más años, con un cónyuge y con hijos, sufrirán cuando se den cuenta que es imposible cambiar algunos efectos de nuestras determinaciones erróneas y que algunas consecuencias afectarán aun a nuestros hijos inocentes.

Llegar a un acuerdo sobre cómo actuar cuando los compañeros les motiven a usar drogas

Rechazar la fuerte presión para que aceptemos drogas que resultan en dependencias requiere de mucha fuerza, determinación y prudencia. No cualquier joven tiene la fortaleza de pararse con firmeza y no aceptar la presión y, en ciertas ocasiones, sufrir al maltrato por esa sabia decisión de oponerse a caer en alguna adicción. Muy pocos jóvenes pueden pararse frente a sus amigos y decirles: «Yo no acepto lo que ustedes quieren que yo haga, y aunque no me permitan compartir nunca más con ustedes, prefiero evitar dañar mi vida, que seguir con ustedes». El apóstol Juan escribió sabiamente la siguiente verdad: «Hermanos míos, no os extrañéis si el mundo os aborrece» (1 Juan 3.13). Cuando determinamos hacer lo correcto, habrá personas que nos aborrecerán, especialmente entre los jóvenes. Si un joven determina no usar la ropa que otros quieren que use, si determina no meterse en un mundo de dependencias para vivir una vida de excelencia, no siempre será bien tratado. Si un joven determina no meterse con sus compañeros en prácticas inmorales y en cambio decide vivir un mundo de integridad y alta moralidad, es más que probable que sea ridiculizado en vez de ser admirado, pero ese joven ha tomado una determinación maravillosa que le producirá consecuencias grandiosas.

A los jóvenes hay que prepararlos para que sepan qué decir cuando son presionados y qué actitud tomar cuando son amenazados. También deben estar dispuestos a y saber cómo informar a sus padres sobre la presión que en determinado momento han recibido para ir en contra de los principios y valores que con su familia han adquirido. Nuestros hijos deben saber cómo evitar involucrarse en la labor de ayudar directamente a algún amigo dependiente porque no tienen la capacidad profesional para hacerlo. En algunas ocasiones, muchachos cristianos bien intencionados deciden tratar de ayudar a amigos y esa sola compañía, además del ambiente que les rodea, es muy peligroso.

Padres e hijos deben hablar de los límites que deben establecer para saber cómo relacionarse saludablemente con los demás, pues mucho de los consumos se deben a las dificultades que tienen los jóvenes para establecer limites que les protejan de la presión de otros que están experimentando con drogas. Debido a que nunca aprendieron a establecer limites saludables, muchos jóvenes caen víctimas de la presión de otros que son adictos y de otros que quieren venderles drogas para tenerlos como clientes seguros.

En las conversaciones de los padres y los hijos, estos deben aprender a defender sus ideas, sus valores personales y las convicciones morales que son parte de la vida familiar y así aprenderán a rechazar la presión de compañeros o amigos para consumir alcohol y otras drogas.

Es esencial que nuestros hijos aprendan a relacionarse socialmente, pero deben ser entrenados para resistir las presiones del entorno cultural, familiar y social que promueve las dependencias como el alcohol y el cigarrillo. También los padres deben conversar con sus hijos si en la familia existe alguna propensión al alcoholismo y el peligro que experimentan. Si en sus abuelos hubo alcohólicos, si sus padres fueron alcohólicos o lo son en el momento, los hijos pueden tener esa propensión y deben estar alertas.

Es necesario conversar sobre las tendencias inadecuadas o fallas del carácter que hemos notado en nuestros hijos en su proceso de desarrollo y cómo eso puede afectarles en el momento de tomar decisiones. Si hemos notado que uno de nuestros hijos ha acostumbrado a tomar riesgos desde pequeño, existe el peligro que arriesgue más cuando tenga que decidir cuándo decir no a las adicciones. Es muy posible que quien ha tomado riesgos desde pequeño y tenga una fuerte tendencia a experimentar se incline a experimentar y tomar otros riesgos pensando que puede salir como ha salido de otras dificultades menores. Si uno de nuestros hijos ha sido un seguidor y se ha mostrado generalmente muy tímido, si ha tenido problemas para decir no a los niños que le han maltratado, debemos advertirle del riesgo que tiene por su inhabilidad de pararse firme en sus convicciones personales y familiares. Si un niño ha batallado con problemas de irresponsabilidad y tendencia a la vagancia o con una baja autoestima, debemos hacerle saber que vive en un serio peligro de ser influenciado y que debe prepararse para que así como buscó la ayuda de sus padres cuando no sabía cómo confrontar a un muchacho que lo intimidaba en la escuela, así ahora debe buscar ayuda para saber cómo enfrentar la presión de quienes tienen carácter dominante y están metidos en un mundo de dependencias.

> *Si un joven determina no meterse con sus compañeros en prácticas inmorales, si decide vivir un mundo de integridad y alta moralidad, es más que probable que sea ridiculizado en vez de ser admirado, pero ese joven ha tomado una determinación maravillosa que le producirá consecuencias grandiosas.*

Hablar con los hijos y ponerse de acuerdo sobre lo que se puede permitir y la forma de utilizar sabiamente el tiempo libre

Muchas de las decisiones más desacertadas pueden tomarse en los momentos de mayor aburrimiento y esparcimiento. Algunos deciden consumir alcohol y otras drogas ya sea porque están buscando una forma de combatir el aburrimiento o por la presión que se siente cuando se vive en un mundo rutinario. Muchos jóvenes aburridos, solitarios y que no saben cómo ocupar su tiempo libre toman decisiones erróneas. Debemos ayudarles y enseñarles a programar su tiempo libre, guiarles para que desarrollen entretenimientos y ofrecerles programas que les ayuden a involucrarse con el resto de los miembros de la familia. El tiempo libre, la diversión y el entretenimiento son neutros, pero lo que hacemos en esos momentos puede ser malo o bueno. Lo que determina que ocupemos mal el tiempo, que en vez de divertirnos sanamente busquemos diversiones pecaminosas o destructivas, o que la diversión sea equivocada, es la actitud errónea con la que enfrentamos la vida y los valores inadecuados que tenemos. Ponerse de acuerdo sobre lo que permitirán o no autorizarán los padres es clave para establecer límites. Los padres deben establecer las reglas sobre las relaciones que tendrán como familia, sobre cómo utilizar el tiempo libre porque esos límites serán un fundamento esencial para desarrollar una vida de familia que ayude a prevenir la participación en las dependencias.

Aunque no a muchos padres les agrada, debemos entender la realidad y saber lidiar sabiamente con ella. La realidad nos indica que la mayoría de los hijos prefiere no hablar con el papá sino con la mamá sobre asuntos que consideran más privados. Las estadísticas indican que un gran porcentaje de los hijos prefiere hablar con sus madres cuando enfrentan problemas de dependencias. La doctora Michelle Miller-Day, profesora asistente de Artes de la Comunicación y Ciencias en el College of Liberal Arts de Penn State, que presentó sus resultados en un estudio titulado «Parent-Adolescent Communication about Alcohol, Tobacco and Other Drug Use» (Comunicación padre-adolescente sobre el uso de alcohol, tabaco y otras drogas) que apareció en el *Journal of Adolescent Research,* concluyó que «70% de los adolescentes se sintió más cómodo discutiendo temas importantes con sus madres». Esto, en contraste con «12% de los que respondieron diciendo que prefería hacerlo con sus padres, 7.4% que prefirió hablar con sus abuelos, 7.4%

que buscó a sus hermanos y 3% que prefirió hablar con otro miembro de la familia extendida».[4]

La investigadora también llegó a la conclusión que los padres pueden tener mejores resultados al tratar de aconsejar a sus hijos acerca del abuso del alcohol y las drogas si tratan de dialogar en vez de dar amonestaciones y reprensiones y si demuestran lo que demandan con un buen ejemplo. Es mucho más efectivo que los padres y sus hijos hablen con respeto y en momentos adecuados sobre los temas pertinentes en vez de tratarlos en medio de una discusión y en un ambiente que no produce una buena respuesta, sino que generalmente motiva la rebelión.

Involucrarse regularmente en la vida de los hijos

Los estudios certifican que cuando los padres están diariamente involucrados en el ir y venir de la vida de la familia tienen mejores posibilidades de influenciar a sus hijos. Deben involucrarse con las instituciones educacionales donde asisten sus hijos y estar en permanente contacto con los profesores y el progreso en su mundo académico. Deben guiar a sus hijos en la utilización de los talentos y habilidades que tienen y motivarlos a participar en deportes u otras actividades extraprogramáticas de acuerdo con los dones que tienen.

Los padres que planifican actividades de entretenimiento como familia tanto dentro de la casa como fuera de ella tienen una gran actitud preventiva. El pasar más tiempo juntos permitirá tener más control de las actividades así como más tiempo para controlar sin mostrar un deseo de hacerlo.

Es muy importante que los padres planifiquen sus comidas como familia y que sea un tiempo para compartir y disfrutar y no para que en medio de ese tiempo de cercanía ocurran regaños, ataques, discusiones o sermones. Una actitud positiva y una experiencia placentera a la hora de la comida no sólo les dan la oportunidad de pasar tiempo juntos, sino de disfrutar de ese tiempo de acercamiento.

Cuando los padres están involucrados conociendo lo que ocurre con sus hijos en su educación, en deportes o entretenimientos, en diversión, descanso, asistencia a la iglesia, visitas a familiares y comidas, no sólo tienen la oportunidad de pasar más tiempo juntos, sino que les permite tener más sano control y, por lo tanto, otorgan a sus hijos menos oportunidades de ser presionados por otras personas con otros intereses malsanos.

Como es fácil imaginarse, la paternidad y la maternidad no son tareas fáciles que se pueden cumplir sin sacrificio, orden, planificación y buena calidad y cantidad de tiempo. Los hijos deben entender esta realidad. Deben saber que sus padres están realizando un serio sacrificio para guiarles por el mejor camino, por medio de las sendas de la más alta moralidad y con el propósito de que vivan vidas saludables y tengan un futuro de paz, grandes logros y felicidad. También deben entender que harán la tarea paterna y materna más fácil y efectiva si determinan ser hijos que eligen la obediencia, hacen conocer sus desacuerdos con tacto, se conducen con inteligencia, respetan con sabiduría y tienen un compromiso con la excelencia.

Enseñar a nuestros hijos a evitar acciones o costumbres extremas y hacerles saber que no permitiremos ningún extremismo es una tarea que debemos realizar sabiamente y reforzar regularmente. Nuestros hijos deben entender que los extremos son perjudiciales y las dependencias destructivas, que las influencias negativas tienen poder de persuasión y que actuaremos con firmeza y estableceremos buenos límites por el amor que les tenemos y para evitar su destrucción.

Capítulo VII

El desafío de guiarles a desarrollar relaciones saludables

No podemos relacionarnos saludablemente en forma
automática. Sin saber como establecer límites y sin
conocer los límites de la libertad y el amor podemos iniciar
relaciones perjudiciales o perjudicar a quienes se relacionen
con nosotros.

Alejandro y su desconexión

Hace algunos años viví una de las grandes frustraciones en mi carrera como consejero. A pesar de todos mis esfuerzos, me fue imposible ayudar a un adolescente que había sufrido el dolor del abandono por sus padres cuando tenía un año. Pasó ocho años en una casa de ayuda para niños huérfanos, luego fue adoptado por una familia cristiana que hizo todo intento para poder tener cercanía con él, pero tristemente nunca lo lograron y por ello buscaron mi ayuda.

Intenté ayudar al niño y también a sus padres de la mejor manera y con las herramientas de las que disponía en aquel momento, y poco a poco fui sintiendo la frustración de no lograr avanzar en mi intención.

Este adolescente no estaba lleno de ira, por lo menos no lo demostraba, pero cada vez que llegaba a la consulta su cuerpo estaba allí, pero su mente estaba en otro lado. Eso mismo ocurría en su casa.

Alejandro no era un niño rebelde, no causaba graves problemas a sus padres; sin embargo, ellos notaban que no podían lograr una relación cercana con él y debido al profundo amor que le tenían estaban muy preocupados.

Les ayudé lo mejor que pude, les entregué todas las herramientas que conocía y les enseñé todas las técnicas que había aprendido, pero después de meses de terapia nada parecía funcionar. El mismo problema que tenía en casa lo tenía en la escuela. Los profesores constantemente informaban a sus padres que aunque Alejandro no era un mal estudiante, no molestaba a nadie ni causaba otro tipo de conflictos, se daban cuenta que no ponía atención. Le hacían preguntas y aunque contestaba lo hacía en forma muy vaga. Además, habían notado que su comportamiento social era extraño: prefería estar solo, evitaba las conversaciones largas, contestaba más con monosílabos que de otra forma.

Intentamos conocer cuál sería su amigo ideal, el más cercano y tratamos de que ese amigo se acercara a él. Los padres le hicieron fiestas especiales, invitaron a otros niños para que se quedaran a dormir en su casa, pero nada funcionó.

A él le gustaba mantenerse ocupado y a distancia de los demás; lo único cierto era que no deseaba ninguna relación cercana. Se sentía cómodo en su propio mundo, y aunque le agradaban muchas cosas, entre esas no estaba la cercanía con las personas.

El problema de Alejandro lo estudié con mayor profundidad, y después de mucho tiempo me di cuenta de que no era capaz de establecer conexiones; en realidad lo que quería era separarse de la vida. No tenía la capacidad de relacionarse con Dios ni con nadie fuera de él mismo.

Quienes no se crían con sus padres o que debido a la falta de cercanía no han tenido buenas relaciones tendrán serias dificultades para establecer conexiones.

Nosotros y las conexiones

Las conexiones en la vida son esenciales y debemos aprender a desarrollarlas. Cuando nos conectamos con otras personas tenemos la posibilidad de transferir algo de nosotros hacia otros y permitimos que otras personas nos transfieran algo a nosotros. Al estar conectados podemos desarrollar empatía, comodidad, cercanía; y cuando estamos conectados apropiadamente le encontramos más significado a la vida.

Nacemos con la necesidad de amar y de ser amados, y cuando una persona no aprende a conectarse en la vida no puede hacer ninguna de las dos cosas. Si a ese niño no se le enseñó a conectarse con Dios, y no aprendió a conectarse con las personas, todo su mundo girará en torno a él. Cuando nos conectamos profunda y amorosamente con Dios y con personas significativas, entonces podemos desarrollar un estilo de vida normal y soportar muchas tormentas de la vida en unidad y conectados a individuos que quieren demostrar su amor y a quienes queremos demostrar nuestro cariño.

En el vientre de nuestra madre estamos conectados; cuando salimos de allí sentimos una impresión de soledad, de temor, de terror y de ira. Aquel pequeño bebé dependiente no encuentra cosas buenas dentro ni fuera de él, pero cree que todo lo puede obtener de su madre. Es por eso que los padres tenemos una importante labor de conectarnos con nuestros hijos, y también somos responsables de ayudarles a ver el valor de las relaciones interpersonales.

Precisamente eso fue lo que tuvo oportunidad de aprender Alejandro. Las relaciones interpersonales sabias nos ayudan a luchar contra nuestra tendencia pecaminosa, a sentirnos autosuficientes o a buscar sólo lo que nos satisface a nosotros y comenzar a buscar qué es lo que satisface a Dios, a nuestros seres queridos y lo que nos ayuda y satisface a nosotros. Cuando logramos ese equilibrio aprendemos a vivir con madurez y precisamente de eso trata la paternidad y la maternidad: ayudar a nuestros hijos a descubrir aquel equilibrio.

Por eso es necesaria la intervención de padres amorosos. Los hijos no aprenden en forma natural a vivir una vida madura y equilibrada.

Cuando crecemos en un mundo de desconexión vivimos en un ambiente distorsionado; nuestras realidades las comenzamos a ver con los lentes de nuestra propia opinión y no aprendemos ni de Dios ni de nuestros seres queridos ni de otros.

Podemos enseñar integridad y buenos valores a nuestros hijos, pero si no les enseñamos a conectarse, podrán tener excelente integridad pero una terrible relación interpersonal.

Cuando a un niño se le ama y se le trata con cariño y respeto, poco a poco va estableciendo una conexión con la persona que lo trata de esa manera. Va aprendiendo en amor, aunque ahora deba educársele sobre cómo conectarse, respetar y mantener ese amor hacia los demás.

Por otra parte, una persona que no ha aprendido a conectarse con otros ni consigo misma puede desarrollar un excesivo encanto hacia sí misma, o irse al otro extremo, que es descuidarse totalmente de sí. No nos es natural conectarnos; por eso la regla de oro dice que debemos amar a otros así como nos amamos a nosotros mismos. Primero debemos pasar por el proceso de saber amarnos a nosotros mismos como Dios quiere que nos amemos.

Jesús fue específico al decir que no debemos hacer con otros lo que no queremos que hagan con nosotros. Ese amor por otros debe estar basado en nuestro amor por nosotros mismos.

Adán y Eva estaban conectados por haber sido creados a la imagen y semejanza de Dios, pero cuando pecaron agregaron otro aspecto a la identidad humana a nuestra vida, un aspecto que nos dejó imposibilitados de poder conectarnos en forma natural. Después del pecado, Adán y Eva perdieron su conexión total, por eso Adán acusó a Eva después de que Eva lo había acusado a él.

En este capítulo quiero enseñar a los padres y a sus hijos que una de las necesidades más importantes de la vida es aprender a conectarse.

> *El proceso y el fin de nuestra vida serán muy diferentes*
> *dependiendo de la habilidad que adquiramos al*
> *relacionarnos con Dios y con los demás.*

Sí. El proceso y el fin de nuestra vida serán muy diferentes dependiendo de la habilidad que adquiramos al relacionarnos con Dios y con los demás.

Es responsabilidad de los padres enseñar a sus hijos a conectarse, y es responsabilidad de los hijos aprender. Si los padres nunca les enseñaron a conectarse, o si modelaron y les enseñaron una forma inapropiada de vivir, todavía tienen la responsabilidad de curar su pasado, de enfocarse en cómo sanar el presente. Si es necesario, deben buscar ayuda profesional. Los seres humanos que están conectados emocionalmente viven vidas de mayor seguridad. Responden mejor a su nexo con las autoridades y aprenden a trabajar en equipo. Aprenden a tomar mejores decisiones morales. Cuando aprendemos a relacionarnos bien, tenemos fuentes muy importantes y esenciales para poder subsistir en medio de esta selva llamada vida.

La vida nos ofrece un montón de demandas, y nos presenta una serie de problemas que tenemos que solucionar. La Biblia tiene un cúmulo de requisitos que debemos cumplir si queremos vivir saludablemente. Un hijo que ha aprendido a relacionarse saludablemente no sólo podrá mirar dentro de sí y descubrir grandes recursos, sino que también podrá mirar a Dios y encontrar recursos inagotables, y además podrá conectarse con otras personas que le aman, y encontrar apoyo, dirección y guía en ellas.

Germán y su lucha por conectarse

A Germán lo amonestaban constantemente en la escuela porque se distraía mucho y distraía a otros hablando demasiado; sus profesores habían enviado una serie de cartas a sus padres diciéndoles que en lugar de poner atención a la clase le encantaba conversar con otros alumnos.

Germán había aprendido en su hogar que había que lidiar con la vida solo, pues cada vez que él quiso hablar con sus padres estos se enojaban y lo maltrataban. También había sido testigo de la forma que sus padres manejaban sus conflictos. Se había encontrado desde pequeño en medio de dos personas adultas a las que amaba, pero que discutían con ferocidad; por eso, sabía que de ninguna manera podía recurrir a sus padres para enfrentar sus problemas y decidió que tendría que lidiar con ellos él solo.

Además, su padre siempre le decía que no tenía que actuar como mujercita, que había que actuar como hombre, enfrentar los problemas y no andar llorando. Germán no aprendió a conectarse bien. Sus amigos y conocidos le ponían apodos, se burlaban de él por hablador, y por eso los profesores le llamaban la atención a cada rato. Su sistema era rebelarse, enojarse y buscar alguna forma para desquitarse con sus amigos. Trataba de hacer alguna cosa que los involucrara para él aparecer como inocente de lo que había hecho.

Con sus profesores se sentía más limitado, pero de igual manera, aunque callado, siempre tenía una manera de crearles problemas. No tenía otro recurso que lidiar con los problemas y requerimientos de la vida utilizando su sentido común, que no era tan bueno.

A otro muchacho, José, desde pequeño, sus compañeros de escuela lo molestaban mucho porque era flaco. Cada vez que le tocaba la clase de educación física prefería faltar, e incluso en algunas ocasiones le había preguntado a su profesor si podía usar pantalón largo, lo que no era permitido.

A diferencia de Germán, quien guardaba en su interior todos sus conflictos y se iba llenando de ira, de rencor y de enojo, José buscó los recursos que había aprendido, uno de los cuales era Dios. En muchas ocasiones, antes de acostarse, oraba a Dios para que le ayudara a lidiar con su problema físico. En pocas ocasiones pidió que Dios lo engordara; sin embargo, con el paso del tiempo aprendió que tal vez nunca sería gordo, y lo único que pidió al Señor fue que le ayudara a enfrentar a los que le causaban tanto dolor con sus burlas por ser flaco.

José tenía otro recurso importante. Compartió su dolor con sus padres quienes de alguna manera le ayudaron a enfrentar el problema. Aunque no tenían mucho conocimiento para entrenarlo en esta circunstancia, él sabía que podía contar con ellos. Además, José asistía a una congregación y allí también pudo compartir con su profesor de escuela dominical.

Estas tres fuentes importantes: Dios, sus padres y la iglesia, aunque no le ayudaron a evitar todos los problemas de la vida, le fueron dando una orientación apropiada para ir enfrentándolos con mayor sabiduría, y aunque no lo hizo totalmente cuando era niño, en su adolescencia y luego en su juventud le fueron de mucha ayuda. Vivir conectados nos da la opción de ayudar y que nos ayuden.

Enseñe a sus hijos a conectarse

Si todavía tiene hijos pequeños, y nunca había entendido lo que acabo de explicar, mi consejo es que comience lo antes posible a ayudarles a sus hijos en su proceso de conexión. Mi consejo para el joven o el adolescente es que si no tuvo la oportunidad de aprender a conectarse sabiamente, si sus padres por ignorancia no supieron cómo entrenarle, todavía tiene la oportunidad de aprender, pero esto requiere de un gran sacrificio personal y un deseo de aprender a vivir saludablemente.

Además, si aprende a relacionarse estará dando un paso gigantesco para desarrollar su vida normal y cuando llegue su etapa de matrimonio, podrá relacionarse adecuadamente con su cónyuge y enseñar a sus hijos a vivir con la conexión que necesitan.

La interacción entre la madre y el niño afecta profundamente el proceso de desarrollo en el niño, especialmente su estructura neurológica. Los estudios indican literalmente que cuando el niño aprende esa forma de relacionarse, queda plasmada en su cerebro y permanece debido a la relación que ha tenido con su madre. Por eso, podemos concluir que funciones como pensar, percibir y relacionarse con otras personas y con el mundo que le rodea dependen en gran medida del tipo de relación madre-hijo que pudieron desarrollar.

Los niños nacen dependientes y sólo quieren cercanía con sus madres. En esta etapa piensan que ellos y sus madres son uno solo, están íntimamente conectados, no les gusta separarse y lloran cuando ellas se alejan. La supervivencia del niño depende de aquella relación, así que aquella conexión entre madre e hijo, que comienza en el vientre, y que continúa tan cercana después, es esencial para el desarrollo de su capacidad de relacionarse sabiamente.

El hecho de que la madre amamante a su hijo establece una relación que no se da entre padre e hijo. Los niños a quienes se les enseña sabiamente y que tienen una relación cercana con su madre no aprenden a ser dependientes totales pues la madre les va enseñando horarios, tiempos de cuna, momentos en los brazos de su padre, caricias de sus hermanos. Si la madre va poniendo los límites apropiados y le va ayudando en su proceso de desarrollo, no desconecta al niño de los demás ni lo conecta erróneamente, más bien va a ayudar a que el niño se sienta seguro. El hijo que aprende a depender de padres amorosos aprende a vivir con estabilidad. El niño que aprende que es importante para su familia pero que no le permitirán que domine, comienza a relacionarse saludablemente.

Es posible que alguno de ustedes, adolescentes o jóvenes que están leyendo este libro con sus padres sientan que no tienen un sentido de conexión con ellos, y puede ser que no lo aprendieron desde pequeños porque no hubo la relación apropiada. Incluso es justo decir que también en esta etapa de la vida, en la adolescencia y en la juventud, los jóvenes van tratando de ser independientes. Ese anhelo de tener un grado saludable de independencia no es malo, pero el no querer relacionarse con sus padres en forma regular o no querer depender de alguna medida de ellos, tampoco es saludable.

Si usted es padre con hijos pequeños o adolescentes, le sugiero que conversen de estos asuntos con respecto a las relaciones interpersonales. Enséñeles, en primer lugar, a ser equilibrados. Los hijos deben aprender a relacionarse con Dios, con sus padres, familiares y otras personas de una forma equilibrada. No debe existir solamente equilibrio en el tiempo y la importancia que le dan a cada uno de ellos, sino también en la relación personal que tienen con cada una de las personas que les ama.

Esta necesidad de estar conectado y mantener un equilibrio lo vemos incluso en la relación conyugal. Las esposas que tienen maridos equilibrados, amorosos, y con una buena estructura de pensamiento se sienten con más tranquilidad cuando tienen que enfrentar los graves problemas de la vida porque están conectadas saludablemente a la persona que aman y que les ama.

No a la independencia, sí a la interdependencia

Nuestros hijos tienen que aprender que no deben intentar vivir totalmente independientes durante la adolescencia y la juventud porque todavía no están capacitados para manejar la independencia. Algunos jóvenes quieren vivir así y, sin embargo, aunque quieren pensar en forma independiente y tomar decisiones en forma independiente, son todavía dependientes en otras áreas de la vida. A algunos les gusta abusar de su independencia, y también abusar de su dependencia con lo cual producen un desequilibrio en las relaciones familiares.

Tampoco los padres debemos enseñar a nuestros hijos a ser muy dependientes de nosotros. Los hijos tienen que aprender que la dependencia es dañina, y esa forma equivocada de relacionarse puede mantenerse aun hasta la vida adulta. Muchos se convierten en cónyuges que quieren seguir viviendo una vida de solteros cuando son casados con lo cual producen conflictos en su vida matrimonial.

Hay mujeres que están viviendo terribles conflictos conyugales, y experimentando violencia doméstica, pero no confrontan su problema porque tienen serios temores debido a que son dependientes económica y emocionalmente de sus maridos. Ese tipo de relación conyugal, aunque se mantiene, es enferma.

Es importante que enseñemos a nuestros hijos que deben y que pueden aprender a confiar en sus padres. Deben entender que necesitan de una relación no independiente, tampoco dependiente, sino interdependiente. Tienen que aprender que así como tienen necesidades que deben ser suplidas por sus padres, también tienen que suplir algunas necesidades que tienen sus padres y que aunque estamos unidos y buscamos ayudar a satisfacer las necesidades de nuestra familia, también nos preocupamos de satisfacer nuestras propias necesidades.

Ese intercambio de amor y de respeto, ese intercambio de confianza y ese sentido de necesitarse mutuamente es lo que hace que nuestros hijos desarrollen una capacidad de conectarse saludablemente. En este proceso de desarrollo de su conexión debemos enseñarles que se aprecien a sí mismos y a otros. Nuestros hijos deben aprender a amarse a sí mismos; deben saber que son importantes y que tienen dignidad; también que son responsables de cuidar su vida y que no deben permitir que nadie los destruya.

Uno de los grandes aspectos de la madurez es aprender a valorar su propia vida, a apreciarse como persona y aprender a valorar y a apreciar a los demás. Cuando un niño aprende a apreciarse a sí mismo no permite que hagan cosas destructivas con él. Tratará de enfrentar los problemas en sus relaciones interpersonales hasta donde pueda, y buscará la ayuda necesaria cuando escape de su capacidad para resolverlos.

Si nuestros hijos no aprenden a valorar a las personas creerán que el mundo gira en torno a ellos y, por lo tanto, todos tienen que servirles y hacer lo que ellos mandan, dicen o desean. Comienzan a creer que las relaciones interpersonales sólo existen para ellos y que los demás no tienen sentimientos ni derechos. Algunos hijos esperan que sus padres los respeten, los apoyen, los sostengan, los amen, les den libertad, pero no actúan como si sus padres necesitaran lo mismo.

Algunos hijos creen que sus padres no tienen derecho al descanso, a ser respetados, a recibir cariño, a que se les obedezca; otros actúan como si sus padres no tuvieran sentimientos y eso también es erróneo. Mientras más empatía mutua exista desde pequeños y mientras más los padres enseñen a sus hijos a amarse y a respetarse, mientras más les enseñen a vivir dentro de límites saludables, más sabia será la conexión que ellos realicen en sus vidas.

Nuestros hijos tienen que aprender a discernir, no sólo su propio carácter sino el de los demás; de esa manera aprenderán a relacionarse en forma segura con otros y también serán personas seguras con quienes los demás puedan relacionarse.

Mientras más saludable sea la relación de los padres con sus hijos y mientras más se conecten con respeto, preocupación mutua y en una relación interdependiente, mejor aprenderán a vivir conectados a otras personas cuya relación les beneficiará mutuamente.

Enseñe a sus hijos a que aprendan a manejar la realidad

La realidad de las relaciones interpersonales es que las personas van cambiando, nosotros vamos cambiando, las circunstancias van cambiando lo mismo que nuestros gustos, nuestro nivel social, nuestro nivel de educación y también nuestros valores. Por eso también debemos alejarnos de unos y acercarnos a otros, debemos mantener a cierta distancia a unos y más tarde pueden estar más cerca y los que hoy están cerca, mañana podrían estar cercanos o podríamos perder su amistad.

Estos cambios motivan a la depresión y generan una sensación de angustia que debemos aprender a manejar.

La realidad de las pérdidas

Todos en algún momento perdemos algo. Podemos perder dinero, un familiar, un noviazgo, un matrimonio, un amigo o nuestra salud. Lo más grave no siempre es la pérdida sino las consecuencias que deja por el mal manejo de las situaciones, de nuestras conductas y nuestras emociones. Cuando aprendemos a conectarnos bien, nuestras relaciones son sólidas. Cuando nos preparamos para saber perder, aprendemos a enfrentar con firmeza lo inevitable.

Es muy saludable que lleguemos a tener un nivel de cercanía con algunas personas. En algunos casos, poco a poco, y debido al desarrollo de la amistad, se va profundizando nuestra cercanía y por ello se hace difícil perder amistades con quienes tenemos una buena conexión. Sin embargo, esa es otra realidad de la vida que también debemos aprender a manejar. Ojalá las amistades permanecieran para toda la vida y que todos decidieran vivir una vida de extraordinaria moralidad que nos motive a continuar nuestra amistad, pero todos, aun nosotros, cambiamos.

Un gran secreto para vivir saludable y responsablemente es aprender que en la vida se gana y se pierde, por lo que no siempre ganamos. Nuestros hijos y nosotros tenemos que entender que hay personas con quienes quisiéramos estar y pasar muchos años, pero se apartarán de nosotros quizás porque nuestra vida no era todo lo deseable que esperaban; otros se irán porque tienen que irse, porque se cambian de ciudad, porque se cambian de colegio, de trabajo, o por cualquiera otra razón. Tenemos que aprender a enfrentar con sabiduría las ganancias y las pérdidas en las relaciones interpersonales.

Cuando perdemos la compañía, la amistad, el respeto de una persona, eso debería hacernos recordar que vivimos en un mundo caído, y que una de las características imprescindibles de una persona que anhela ser madura es aprender a enfrentar aquella realidad. El éxito en la vida envuelve también algunas pérdidas y una sabia relación, aun con personas que no han actuado sabiamente.

Tenemos que enseñar a nuestros hijos a que manejen la ira que puede producir la pérdida de un ser querido, de un amigo, o la sensación de desprecio o rechazo que experimenta porque alguien termina una relación con él o con ella.

Tenemos que enseñarles que es erróneo reaccionar mal cuando alguien hizo mal y que sufrimos más por el mal que hacemos que por el mal que nos han hecho. Debemos enseñarles que nos llenamos de amargura y resentimiento por nuestra propia elección y no como resultado de alguna experiencia dolorosa que vivimos. Cuando establecemos una buena conexión con nuestros hijos y les enseñamos a conectarse, les estamos enseñando a enojarse, a protestar, a confrontar la situación, a lamentarse, a llorar, a sentir dolor, pero a la vez les estamos enseñando a saber enfrentar y resolver los problemas derivados de las pérdidas.

Al enseñarles a estar conectados con las personas y a tener conexión con las cosas que adquieren o les regalan, también debemos guiarles para que no tengan un apego tan fuerte al punto que sufran cuando alguien se vaya de sus vidas, se destruya una relación o se pierda alguna cosa.

Cuando los hijos aprenden a enfrentar las pérdidas, están aprendiendo a vivir en un mundo donde las pérdidas son parte de las relaciones interpersonales. Nuestros hijos aprenderán también a tener dolor y a sentir la angustia de perder a una persona cariñosa y respetuosa en su vida, pero también les motivará a buscar a otra persona que pueda cumplir la misma función. Así aprenden a no estar atrapados por una relación interpersonal. Aprenden a amar a las personas, a dejarlas que se vayan cuando es imprescindible y a buscar a otras con quienes relacionarse en forma saludable en el momento oportuno.

Como padres, debemos compenetrarnos con las pérdidas que experimentan nuestros hijos. Es equivocado tener una actitud antagónica, o motivarlos a sólo tratar de ignorar su dolor y no confrontarlo.

Los padres tenemos que entender que nuestros niños no son emocionalmente estables; que recién están empezando en su proceso de desarrollo y tienen mucho camino que recorrer. Es obvio que sus emociones no están siendo manejadas muy bien, que todavía no tienen un sentido de seguridad apropiado y muchas veces, especialmente en la adolescencia y en la juventud, están enfrentando experiencias complicadas que exigen de ellos reacciones para las cuales no están preparados. Los padres debemos ayudarles en ese proceso.

Debemos entender que no todas las peticiones ni protestas que realizan nuestros hijos son motivadas por un corazón egoísta, sino que algunas de sus demandas, aunque no son lo que nosotros quisiéramos, tienen justificada razón, por la edad y sentimientos que experimentan. Por eso, los padres debemos tener la suficiente sabiduría como para saber discernir qué es lo apropiado y qué es lo inadecuado.

Padres e hijos debemos desarrollar empatía mutua, que es una habilidad imprescindible en el desarrollo del carácter y que nos ayuda a sentir el dolor y la angustia que experimenta otra persona, y somos motivados a actuar sabiamente para poder ser parte de la solución y no del problema.

Nos conectamos saludablemente cuando padres e hijos desarrollamos empatía mutua. Cuando un padre muestra empatía con su hijo está diciéndole que no está solo, que es amado, que puede ser comprendido; lo mismo ocurre cuando un hijo tiene empatía con sus padres. Esa conexión de respeto mutuo y alta comprensión producirá una hermosa relación.

Desarrolle conexión pero no intromisión

Tenemos que tener una relación equilibrada que permita conectarnos, pero no entrometernos. Nos debe importar lo que ocurre con nuestros hijos, lo que ellos piensan, lo que hacen, la forma como y con quiénes se relacionan, las costumbres que tienen, etc. Debe interesarnos todo su mundo, pero no debemos entrometernos en su mundo.

Nos interesa que estén enfrentando la vida con sabiduría y que no sean dominados por la angustia y por la depresión. Nos interesa que no estén involucrados en dependencias sino que estén enfrentando la vida con sabiduría y prudencia; sin embargo, hay que hacer una gran distinción entre conexión e intromisión.

Los padres que se conectan realizan un maravilloso trabajo, los padres que se entrometen dañan las relaciones interpersonales, y dan un ejemplo no digno de ser imitado.

Nuestros hijos, aún desde la niñez y la adolescencia, y con mayor razón en la juventud, necesitan ir desarrollando un espacio de libertad, pero somos los padres quienes debemos guiarles para que no se excedan y vivan en libertinaje. De acuerdo con su grado de madurez, la edad que tienen y la responsabilidad que van demostrando, debemos ir agregando nuevas fronteras a la libertad que les estamos entregando. Pero debemos recordarles que aun la libertad tiene fronteras. Los padres tenemos libertad, pero también tenemos límites que nos imponemos y que nos protegen del mal que nos rodea y que nosotros mismos podemos elegir. Los padres tienen la libertad de hablar y de confrontar, pero ninguno tiene la libertad de insultar. Los hijos tienen la libertad de responder a nuestras declaraciones o exhortaciones, pero no tienen la libertad de maltratar o faltar al respeto. Todos tenemos la libertad de amar a todas las mujeres, pero nadie tiene la libertad de tener relaciones sexuales con todas ellas.

Nuestros hijos deben aprender que no por recibir libertad para tomar ciertas decisiones estén totalmente preparados para determinar correctamente, y pueden cometer errores inocentemente o aun rebelarse conscientemente. Esto significa que deben estar listos para recibir la confrontación cuando cometen errores o utilizan sin sabiduría la libertad recibida. Los hijos deben entender que es bueno que sus padres se enojen cuando cualquier miembro de la familia ha abusado de la libertad, pues ese enojo y la exhortación sabia ayudará a los miembros de la familia a entender que existe una estructura y leyes que deben ser respetadas.

Los padres debemos tener una buena conexión con nuestros hijos evitando acciones que demuestren una intromisión indebida. Los hijos necesitan un control sabio y relaciones sanas con los padres que les aman, para que éstas sirvan como modelo para todas sus otras relaciones.

Los padres deben enseñar a sus hijos a dar y a recibir saludablemente

Otro aspecto de este hermoso proceso de seguir creciendo hacia la madurez y de aprender a tener relaciones interpersonales saludables es aprender a dar y también a recibir. Las relaciones entre los seres humanos incluyen ese importante aspecto.

Desde pequeños debemos enseñarles que las personas no existen solamente para suplir nuestras necesidades, sino que también tienen necesidades que nosotros debemos satisfacer. Debemos decirles que las relaciones interpersonales que dejan buenas marcas en la vida de un individuo tienen un alto costo; no es posible relacionarse saludablemente actuando en forma egoísta y no es posible relacionarse saludablemente dando con generosidad sin recibir nada a cambio.

Si en una relación interpersonal ambas partes cumplen con su responsabilidad, si ambos aprenden a dar y a recibir, esa relación crecerá saludablemente y será de gran beneficio para ambas personas.

Si nuestros hijos llegan a la adolescencia creyendo que todo el mundo gira alrededor de ellos, y que todos deben satisfacer sus gustos y necesidades, entonces los habremos formado mal. Si siguen viviendo de esa manera se darán cuenta de que la gente buena y sabia no se relacionará con ellos; y que solamente la gente enferma e inmadura dejará que ellos abusen, pero éstas no son relaciones saludables.

Este orden de la vida lo vamos desarrollando cuando aprendemos a ser respetuosos de las acciones y opiniones de otras personas. Por lo general, los niños más extrovertidos son menos respetuosos que los demás pues por lo general quieren monopolizar la conversación y no dan lugar a que otras personas hablen o interactúen con ellos; sólo quieren contar sus historias y no permiten que los demás las inicien, las continúen o las terminen.

Un niño o un adolescente introvertido tiende a no hablar y sólo a escuchar sin poner mayor atención. Con este tipo de personas tenemos que trabajar para que aprendan a crecer con equilibrio, a expresar sus opiniones y a recibir las de otros, a dar tiempo y también a recibir con gratitud el tiempo o la atención que les dedica otra persona.

Cuando nuestros hijos no muestran interés por las pláticas, los deseos o los gustos de otras personas, deben ser corregidos para que vayan aprendiendo a vivir con equilibrio; pero primero debemos ser nosotros sus grandes ejemplos de equilibrio.

Lo más natural en nosotros es el egoísmo, independientemente del temperamento que tengamos, y lo más difícil de aprender es aquella habilidad de dar generosamente, de servir con alegría, y este es un aspecto importante de la vida de madurez. No es natural que nuestros hijos tengan un espíritu altruista y filantrópico sino que tenemos que enseñárselos. Así aprenderán a tener preocupación por las necesidades y deseos de otras personas.

Es muy difícil que nuestros hijos sean generosos y filántropos; parece que las palabras «niñez», «adolescencia» y «altruismo» no encajan, pero los padres tenemos que ayudarles a que desarrollen aquella habilidad que les va a ayudar en su camino hacia la madurez.

> *Las relaciones interpersonales que benefician de verdad son producto de personas que se respetan mutuamente. No es posible relacionarse saludablemente cuando actuamos egoístamente, o sólo dando amor, apoyo y respeto, pero sin recibirlo regularmente.*

Entrene a sus hijos para trabajar en equipo

Una de las beneficiosas muestras de una vida bien conectada es la disposición a trabajar en equipo. Recuerde que es más fácil vivir indiferente y apáticamente que involucrarse en las necesidades de los demás. Una de las tareas que debemos cumplir es enseñar teórica y prácticamente a nuestros hijos a trabajar en unidad y como parte de un maravilloso equipo llamado familia. Es difícil, no sólo para los hijos sino también para los padres, pues debemos lidiar con hijos que tienen personalidades, caracteres y temperamentos diferentes. Los padres debemos tomar el tiempo para ser un buen árbitro, un buen entrenador, para que ellos, pese a sus diferencias, aprendan a vivir y a realizar tareas en conjunto.

Hay momentos en que el padre debe incluirse en diferentes trabajos e involucrar a sus hijos asignando labores que puedan cumplir y que deben ser supervisadas. En mi propia experiencia descubrí que cada vez que asumía la función de «ordenador de tareas» de mis hijos, rara vez las cumplían, o no las cumplían bien. Ellos eran más responsables, cumplían mejor su labor y aprendían a desarrollar mejor las tareas bajo supervisión, cuando con amor, buen ejemplo, y con tierna y firme autoridad no sólo les ordenaba que cumplieran sino que también participaba con ellos. Poco a poco aprendieron a realizar tareas formando parte de nuestro equipo de familia.

Algunos padres prefieren entregar una tarea separada a distintas horas para cada uno de sus hijos y creo que es apropiado hacerlo, pero también creo que es necesario que el padre se incluya y trabaje con ellos en equipo.

Enseñar a nuestros hijos a trabajar en equipo y proveerles diariamente de la posibilidad de hacerlo es esencial para prepararlos para su relación matrimonial, para su vida congregacional y para su vida profesional.

Debemos enseñar a nuestros hijos a evitar las relaciones destructivas

Las relaciones interpersonales son inevitables, pero las malas sí se pueden evitar. En este mundo existen personas que actúan bien y mal, pero todos tenemos la posibilidad de elegir con quiénes nos vamos a relacionar, aunque para saber relacionarnos bien se nos tiene que preparar. Esa precisamente es otra de las labores de los padres. Debemos enseñar a nuestros hijos a elegir relaciones constructivas y saber cómo evitar las destructivas.

Mientras más vivo y más conozco acerca del plan divino para la vida humana, más me convenzo de la importancia de la responsabilidad personal, especialmente en nuestras relaciones con otras personas. Todos somos responsables de vivir con sabiduría y eso incluye elegir relaciones saludables y rechazar las relaciones de personas que pueden ser una mala influencia en nuestra vida.

Para que realicen una conversación sabia con respecto a lo que los padres esperan de sus hijos cuando se trata de desarrollar su mundo de amistades, comparto los siguientes principios. Estos pueden servirle de guía para llegar a acuerdos sabios:

1. Los hijos deben aprender a elegir sabiamente a sus amigos pues el comportamiento y la actitud que ellos tengan pueden llevarlos a tomar decisiones equivocadas o su buena influencia puede motivarlos a vivir una vida de excelencia.

Hay un proverbio muy conocido que dice: «Dime con quién andas y te diré quién eres». Las personas sabias nunca eligen tener amistad cercana y compartir regularmente con personas necias. La verdad es que se nos juzga por el comportamiento del grupo con que nos relacionamos aunque nosotros seamos diferentes, pero es indudable que seremos influenciados por las actitudes y acciones erróneas de las personas que frecuentamos, tal como reza ese otro dicho popular: «Tanto va el cántaro al agua que al fin se rompe».

Los primeros siete capítulos del libro de la Biblia conocido como Proverbios contienen los consejos de un hombre sabio llamado Salomón. Salomón entrega consejos maravillosos dirigidos «a su hijo» (Proverbios 1.8; 2.1; 3.1). Le informa de las tentaciones y los problemas que todos los jóvenes enfrentan. Le advierte del peligro de vivir dominado por la inmoralidad sexual, de la necesidad de elegir bien a los amigos, de la elección sabia de la pareja y del valor que tiene la buena educación. Los padres modernos harían bien en leer y explicar estos capítulos a *sus* hijos y utilizarlos para entrenarlos para que tomen decisiones saludables. Es que no sólo los padres que amamos a nuestros hijos queremos darles consejos sabios, sino también los grandes pensadores y hombres sabios que aman a Dios, que conocen acerca de las tentaciones que existen en la vida, quieren instruirnos para que podamos tomar decisiones sabias, especialmente en lo concerniente a una de las más grandes influencias que tenemos: las relaciones interpersonales. En el primer capítulo de Proverbios, Salomón se dirige a su hijo para darle instrucciones acerca de una de las más importantes elecciones (Proverbios 1.8-19). Ningún hijo puede elegir a sus amigos sabiamente si antes no ha sido preparado por sus padres. A los hijos les falta la experiencia y la sabiduría necesarias para realizar buenas decisiones, por eso es de radical importancia que los padres no sólo hablen de los peligros de elegir amigos sin una adecuada evaluación sino que además los instruyan para que tengan los elementos necesarios para escoger con inteligencia. Los padres debemos instruir pues serviremos de guía, tal como Salomón nos instruye al declarar: «El justo sirve de guía a su prójimo; mas el camino de los impíos les hace errar» (Proverbios 12.26).

Los maestros de escuelas públicas me han comentado que generalmente los peores niños son los más buscados para ser amigos. La amistad es demasiado importante para el desarrollo de la vida como para que tomemos la decisión de elegir amigos por *casualidad*. Algunos jóvenes, en su desesperada necesidad de tener amigos, no eligen basados en buenas convicciones, sino basados en sus gustos y emociones. Alguien dijo que es peor tener un amigo equivocado que no tener amigos del todo.

El sabio Salomón aconseja a los jóvenes: «No te entremetas con el iracundo, ni te acompañes con el hombre de enojos, no sea que *aprendas sus maneras*, y tomes lazo para tu alma» (Proverbios 22.24-25, énfasis del autor). La palabra «iracundo» describe a un «hombre de *cabeza caliente*» o a «alguien de temperamento caliente». Debemos ser corteses con todos, pero debemos saber en quiénes depositamos nuestro corazón y con quiénes establecemos relaciones cercanas. Cualquier persona que se enoja con facilidad, que no puede controlar su temperamento, que ofende a los demás, que no respeta a sus padres, que se resiente con facilidad, no es apta para que la elijamos como amigo.

Escribiendo a los cristianos de Corinto, el apóstol Pablo nos presenta otra verdad que vale la pena recordar. Plantea una exhortación seria cuando escribe: «No erréis; las malas conversaciones corrompen las buenas costumbres» (1 Corintios 15.33).

En la adolescencia somos muy impresionables. Si aun los adultos debemos tener cuidado, cuanto más los adolescentes y los jóvenes. Todos los seres humanos tendemos a no querer desagradar a otros. He notado que algunos jóvenes que no dicen groserías ni utilizan un lenguaje soez en casa o con amigos de la iglesia, pueden tener un lenguaje grosero cuando están rodeados de conocidos que sí lo utilizan.

En la etapa de la adolescencia todos somos muy conscientes de nosotros mismos. Tendemos a preocuparnos de lo que piensan nuestros amigos de nosotros. Tendemos a creer que es muy importante encontrar seguridad en ellos y algunos jóvenes se creen más seguros cuando demuestran que están siguiendo el pensamiento del grupo.

Debemos enseñar a nuestros hijos que la relación constante con personas que conversan sobre temas inmorales, o que utilizan regularmente un lenguaje grosero y que hablan necedades no es producto de la casualidad sino que brota de un corazón necio. Las palabras de las personas que en su interior almacenan necedad publican lo que tienen escondido. Un proverbio bíblico dice: «El hombre cuerdo encubre su saber; mas el insensato publica su necedad» (Proverbios 12.23, NVI). Las conversaciones con alguien que utiliza un lenguaje ordinario, rudo y descortés, influenciarán la forma como nos comunicamos y nuestro comportamiento, tal como otro proverbio bíblico asegura: «El que anda con sabios, sabio será; mas el que se junta con necios se echa a perder» (Proverbios 13.20, NVI).

2. Para poder desarrollar amistades más profundas que un simple nexo familiar es esencial que seamos amigos que amamos a los seres humanos falibles basados en el amor divino infalible. El amor divino nunca falla y su práctica nos permite protegernos y respetarnos y proteger y respetar a las personas que amamos. Tristemente pocos adultos y no muchos jóvenes comprenden el verdadero concepto de amor. La filosofía de pensamiento mundanal nos ha hecho creer que amamos cuando somos complacientes o apoyamos a nuestros amigos aun en sus decisiones erróneas. Muchos jóvenes creen que si esconden las fallas de sus amigos, si guardan pecados ocultos, si les ayudan a engañar a sus padres, o les sirven como coartadas para esconder decisiones erróneas que han realizado, entonces son buenos amigos. Otro proverbio dice: «El hombre que tiene amigos ha de mostrarse amigo; y amigo hay más unido que un hermano» (Proverbios 18.24).

La única forma de tener buenos amigos es ser un buen amigo y ser un buen amigo es ser una persona íntegra, confiable, sincera y que dice la verdad. El buen amigo apoya las decisiones correctas y confronta a quien ama cuando ha tomado determinaciones equivocadas. Otro proverbio señala: «Hierro con hierro se aguza; y así el hombre aguza el rostro de su amigo» (Proverbios 27.17). Así como el hierro afila al hierro o le da forma, del mismo modo las represiones, las críticas, las instrucciones de un hombre preparan a otro para que sea útil. Cuando un amigo piadoso ve el error de su amigo, no vacila en amonestarlo. Esa represión es una bendición cuando procede de alguien que nos ama y que anhela nuestro bien. En realidad, «Fieles son las heridas del que ama; pero importunos los besos del que aborrece» (Proverbios 27.6).

3. No son amigos verdaderos quienes nos apoyan en lo bueno o malo que queremos realizar, sino quienes por su amor y de la forma apropiada nos apoyan en lo correcto y nos confrontan cuando elegimos actitudes, palabras o acciones inadecuadas. Un amigo muestra su amor cuando nos apoya en las decisiones correctas, pero debe mostrar el mismo amor cuando se trata de corregir nuestros errores. Quien espera un apoyo incondicional, aun cuando hace mal, no está buscando amistad, sino personas que acepten su mundo de maldad. Un amigo muestra su amor motivando a hacer el bien y corrigiendo el mal. Y nunca deja de amar. Ama cuando escucha y ama cuando calla, ama cuando apoya el bien y cuando confronta el mal, ama cuando se enoja y cuando se ríe. El amigo verdadero nunca deja de amar aunque las manifestaciones de su amor cambien dependiendo de las circunstancias.

4. Desarrollar amistades saludables no es una opción que escogemos al azar sino una elección que realizamos después de un proceso de evaluación. No debemos desarrollar amistades con todas las personas sino con quienes sean una buena influencia y a quienes podamos influenciar con nuestros buenos valores. Es erróneo creer que no necesitamos tener amigos o que todos deben ser nuestros amigos. Existen los conocidos con quienes nos vemos de vez en cuando y con quienes conversamos cosas triviales. Podemos estar juntos por intereses u obligaciones comunes. Podemos jugar fútbol con conocidos, estudiar o trabajar con conocidos, pero los amigos resultan después de una seria evaluación y una sabia decisión. La amistad no es opcional porque no es una opción amar o no. Fuimos creados para amar y ser amados, y la práctica de ese amor se da en las relaciones familiares y en las otras relaciones interpersonales.

5. *Las compañías pueden iniciarse y mantenerse automáticamente, pero las amistades no son súbitas ni automáticas, sino que debemos desarrollarlas planificada y sabiamente.* Entiendo que a estas alturas del libro algunos padres e hijos se sientan abrumados por la serie de demandas y requisitos que existen para vivir vidas fructíferas y realizadas, pero la realidad indica que la vida buena no es fácil. La realidad nos muestra que pocas personas viven con madurez y realización y que quienes han alcanzado un nivel de vida de madurez, de alta moralidad, de pasión por Dios y amor por sus familias no lo han logrado fácilmente, sino que ha sido como producto de un desarrollo planificado y bien pensado de sus vidas, sus familias y sus amistades.

Podemos vivir acompañados pero no necesariamente rodeados de buenos amigos. Podemos acompañar a otras personas pero no ser influencias positivas para sus vidas. La amistad sincera, profunda y útil no se da en forma súbita y automática sino que es el resultado de un desarrollo rodeado de buenos principios y muy bien planificado.

Sin la dirección sabia y amorosa de padres que guían en forma responsable y dedicada, los hijos no pueden aprender a tomar decisiones acertadas. Ningún hijo puede elegir a sus amigos sabiamente si no ha sido preparado por sus padres previamente. La elección de los amigos no es una opción que debemos tomar livianamente, sino una obligación que debemos cumplir acertadamente.

Capítulo VIII

El deber de enseñarles a entender su sexo y al sexo opuesto

Para tener relaciones de respeto y que exalten la dignidad humana, debemos aprender a conocernos y a amarnos a nosotros mismos, a amar y a respetar nuestra propia sexualidad y a respetar y a tratar dignamente a todas las personas de sexo diferente.

Nuestro deber como padres es entregar el máximo de información a nuestros hijos para que puedan entender su propia vida, comprendan su propia sexualidad y también conozcan y traten con respeto al sexo opuesto. Nuestros hijos deben entender que Dios nos hizo diferentes para que nos apoyemos mutuamente y no para que nos ataquemos o despreciemos solamente porque sentimos, pensamos o actuamos en forma diferente.

Los padres tenemos la obligación de enseñar a nuestros hijos a ser buenos mayordomos de su vida, tal como lo explico en otra sección de este libro en que oriento acerca del desarrollo de la vida, de los dones y los talentos que Dios nos ha dado.

Los hijos necesitan información correcta, una autoestima saludable, respeto por la dignidad de la vida humana, y una guía moral para que puedan desarrollar su sexualidad correctamente y convertirse en adultos saludables y responsables. Los padres son los responsables primarios y deben convertirse en los mejores educadores sexuales de sus hijos. Para que nuestros hijos tomen decisiones responsables, se necesitan padres que cumplan con su responsabilidad de enseñar acerca de la sexualidad y las relaciones sexuales basadas en un verdadero amor por Dios y en el marco de la más alta moralidad.

La educación sexual no es solamente hablar de sexo, sino que incluye el entrenamiento con respecto a los papeles del hombre y de la mujer, los comportamientos que deben tener los individuos, los valores que deben ser parte de la relación entre un hombre y una mujer que quieren desarrollar su vida conforme al plan divino, respeto por ellos mismos y amor y respeto por las personas del mismo sexo y del sexo opuesto.

Entendiendo su propio sexo

En el capítulo cuarto escribo extensamente sobre el tema del desarrollo de los jóvenes. Lo hice con la intención que conozcan acerca de su sexualidad. Decidí incluir algo más dentro de este capítulo pues quiero enfatizar en la sexualidad y las relaciones interpersonales. Relacionarse con el sexo opuesto no sólo demanda que conozcamos las características de un sexo diferente, sino que también conozcamos asuntos importantes con respecto a nuestro propio sexo. Dios nos hizo diferentes y los padres deben entender aquellas diferencias para que críen a sus hijos enfatizando aspectos clave y particulares de su sexo. Los padres tenemos el deber de criar a mujeres con sensibilidad femenina, que se sientan orgullosas de su sexo, que respeten su dignidad y que respeten y sepan de las relaciones con los hombres y las generalidades de la masculinidad. Los padres debemos criar a hombres con sensibilidad masculina, que se sientan orgullosos de ser varones, que aprendan a batallar con el machismo, que respeten su dignidad y respeten y sepan acerca de las relaciones con las mujeres y generalidades del mundo femenino.

Feminidad y masculinidad

Papá y mamá juegan un papel importante en el desarrollo de la masculinidad y la feminidad de sus hijos. Los padres tenemos que enseñar a los varones a que se comporten como varones, pues vivimos en un mundo peligroso donde la homosexualidad se proyecta como si fuera un sexo diferente en vez de una elección de la persona.

La mayoría de los jóvenes son criados fuera de la vida de la iglesia y, por lo tanto, no tienen ninguna brújula religiosa para su vida. No entienden nada de la moralidad bíblica y tienen un sistema de pensamiento liberal y les dominan los valores relativos. La sociedad les ha enseñado principios que no van acordes con el sistema de pensamiento y la moralidad judeo-cristiana. Son guiados a pensar que deben tener tolerancia; es decir, a aceptar la homosexualidad como si fuera un tercer sexo. Con esas y muchas otras ideas nuestros hijos batallarán constantemente y para poder enfrentar ese sistema de pensamiento se les debe preparar constantemente. Muchos jóvenes han sido parte del sistema religioso de sus padres, pero ni siquiera éstos practican los principios de la religión que dicen profesar. Muchos de los cristianos evangélicos luchan por ser más celosos en su intento de aplicar los principios bíblicos a su vida, pero somos la minoría y por eso, la batalla es dura. Quienes amamos a Dios y creemos en la santidad de la vida, estamos en contra del aborto y de las relaciones sexuales prematrimoniales, también estamos en contra de la práctica de la homosexualidad, así como estamos en contra del adulterio. Pero somos la minoría y por eso nuestros hijos tendrán una dura batalla y la constante presión para que vivan bajo ese sistema de pensamiento.

Los hijos de los agnósticos, o de los religiosos que no practican la alta moralidad de su cristianismo no son criados con pasión por Dios y generalmente no les interesa la Biblia ni su alta moralidad. Se les cría en hogares donde en la práctica Dios no es importante, donde basan su vida en valores relativos y no en los valores absolutos que nosotros debemos amar.

Para la mayoría de quienes no tienen un fundamento moral bíblico, el estilo de vida homosexual es normal y no creen que sea algo que riña con nuestra moral. Esa aceptación provoca un incremento en el número de jóvenes que ven la homosexualidad como una opción. La realidad es que muchos de los homosexuales y lesbianas han elegido ese estilo de vida debido a experiencias traumáticas del pasado, por falta de principios adecuados, por copiar modelos o por relación con amigos cercanos que los introdujeron en ese mundo no aceptado por la enseñanza bíblica.

Por eso es muy importante que los padres enseñemos a nuestros hijos los principios fundamentales de la masculinidad. Nuestro ejemplo es obligatorio, nuestras conversaciones son esenciales y nuestro entrenamiento fundamental. Los padres debemos enseñar a nuestros hijos a comportarse como varones; así como también debemos relacionarnos sabiamente con nuestras hijas de modo que con nuestras palabras y experiencia les vayamos enseñando cómo deben relacionarse con los hombres.

En el hogar deben existir pláticas muy claras con respecto a cómo somos los hombres, cómo es nuestro sistema, y por naturaleza cómo actuamos y reaccionamos. Nuestras hijas nunca lo entenderán si nosotros no les explicamos. Mientras más conozcan de sus padres más instruidas estarán para saber cómo lidiar con los hombres. Mientras más revelen los padres las debilidades, las tendencias y la forma como vemos la vida los hombres, más posibilidad tendrán las hijas de relacionarse sabiamente con los hombres.

Las madres tienen que enseñar a sus hijas a ser femeninas; y con completa libertad deben hablarles de todas las experiencias que como mujeres tendrán. Deben guiarlas para que sepan lidiar con los conflictos típicos de su sexo y darles sugerencias de cómo disfrutar de su sexo y como cuidarse integralmente.

Las madres deben enseñar a sus hijos cómo tratar a las mujeres, cómo respetarlas y hacerles saber cuán diferentes son.

Generalmente cuando son pequeñitos, los varones quieren casarse con su mamá y las mujercitas con su papá. Poco a poco les vamos enseñando que eso no es posible, que en el futuro tendrán que buscar a una persona del sexo opuesto y que no son fáciles las relaciones interpersonales. Es importante que los padres vayamos creando aquella expectativa saludable de relación adecuada y de respeto con el sexo opuesto y de dignidad y aprecio por su propio sexo.

Hay hijos que adoptan una actitud de gran competencia con sus padres. Compiten por el amor de la madre y también las niñas a veces compiten con su madre por el amor del padre.

Los padres debemos enseñar a nuestros hijos que relacionarse sabia, respetuosa, cariñosa y duraderamente con personas del sexo opuesto no es fácil y la prueba es lo que ocurre en nuestras propias relaciones matrimoniales. Pero si ellos se dan cuenta que manejamos nuestros conflictos en la vida conyugal de la forma adecuada, que somos reales y les hacemos conocer que los conflictos son parte de la relación de personas con sexo diferente, les estamos preparando para que en el futuro tengan el conocimiento necesario para relacionarse apropiadamente.

Masturbación: placer solitario

Aunque este es un tema que ha producido mucha controversia en los círculos cristianos, creo que es esencial que cada ministro y cada cristiano establezcan su posición bíblica en una práctica sobre la que no tenemos mandamientos directos en las Escrituras. No aparece en la Biblia mandamiento alguno con respecto a este tema controversial y la única referencia que algunos utilizan se encuentra en Génesis 38.8-9. Estos versículos dicen lo siguiente: «Y sabiendo Onán que la descendencia no había de ser suya, sucedía que cuando se llegaba a la mujer de su hermano, vertía en tierra, por no dar descendencia a su hermano. Y desagradó en ojos de Jehová lo que hacía, y a él también le quitó la vida».

Aunque algunos utilizan este pasaje para basar su posición sobre la masturbación, el pasaje no está relacionado con esta práctica. Se refiere al casamiento de una viuda con un hermano de su esposo debido a que no tenían hijos. El propósito de esta ley era que la viuda sin hijos tuviera la oportunidad de concebir un hijo que recibiera la herencia del esposo fallecido y que posteriormente pudiera cuidar de ella. Onán tenía la responsabilidad de casarse con la viuda de su hermano difunto. Si ella se hubiera casado con alguien ajeno a la familia, la primera línea de su esposo se terminaría. Onán determinó no obedecer la orden divina y cuando tenía relaciones sexuales con Tamar prefería

eyacular fuera de ella para que no tuviera un hijo. Ese acto de desobediencia generó la disciplina divina.

No existe otro pasaje que nos dé mandamientos directos sobre
la masturbación y por ello debemos analizar el tema basados en principios. Debido a que el ser humano no es sólo un cuerpo que cuidar sino
que también tiene emociones y un espíritu, debemos considerar el tema
considerando a la persona integral.

Físicamente, la masturbación es el acto de autoestimulación del
pene o la vagina con la intención de tener un orgasmo. Dios nos creó
con la necesidad de tener relaciones sexuales. La necesidad periódica
de expulsar el semen que se acumula es natural. Esa presión va aumentando, y por ello existe la fuerte tendencia a masturbarse. Dios diseñó
el cuerpo de tal forma que para resolver esa presión ocurran emisiones nocturnas que permiten que exista ese alivio de la presión que el
joven siente. La presión por tener satisfacción sexual comenzará lentamente a ser más fuerte. El Dr. Dobson en el video *Peer pressure and
sexuality* afirma que con el paso del tiempo, la presión hormonal dentro
de un joven aumenta al punto de que aun simplemente ver a una chica
entrando a un cuarto, puede desencadenar una serie de eventos en su
mente. El deseo de una expresión sexual se convierte en algo tan fuerte
que el joven se masturba resultando que la presión hormonal baje nuevamente. Pasa el tiempo y su cuerpo vuelve a construir una nueva presión
y el joven se sentirá impulsado a desahogar la presión de su cuerpo, sin
importar cuán fuerte haya sido su determinación a no volver a hacerlo.

Con respecto a los efectos físicos que puede provocar la masturbación existen una serie de mitos que deben ser ignorados pues no tienen ningún apoyo científico. No existe evidencia que sea dañina para el
cuerpo. Es erróneo creer que puede causar una debilidad irreversible, o
que puede producir retardo mental o ceguera.

Emocionalmente existe una serie de factores que deben ser con-
siderados. Las encuestas dicen que la gran mayoría de quienes se mas-
turban sienten una sensación de culpabilidad y de temor, incluso los
adolescentes no cristianos. Muchas veces la culpa o el temor son el

resultado de las creencias de las personas, pero no siempre. Si alguien piensa que por masturbarse puede quedar impotente, ciego o con retraso mental, vivirá con una permanente sensación de culpabilidad. La persona religiosa puede vivir con una gran culpabilidad pues generalmente desea evitarla, y cada vez que cae continúa arrepintiéndose, continúa confesando y prometiendo que no volverá a masturbarse, pero se sentirá destrozada cuando nuevamente sea vencida por la presión hormonal, la acumulación del semen y la presión para volver a la masturbación. Algunos jóvenes destrozados por la culpa han abandonado sus congregaciones por no poder vencer su tendencia.

Aun personas que no tienen una formación religiosa tienden a sentirse culpables y creo que la razón es que Dios no creó el sexo para que el individuo viva buscando su satisfacción propia. Dios creó las relaciones sexuales para que se den entre dos personas que se aman y se respetan, que tienen relación con el sexo opuesto y que tienen su actividad sexual dentro de los limites de la vida conyugal saludable.

La vida sexual es tan apasionante que es difícil limitarla. Es fácil caer en una obsesión, porque sin límites la vida sexual puede conducir a una adicción. Por otra parte, la masturbación tiende a desencadenar una serie de prácticas y consecuencias. Una de las prácticas casi obligadas es comenzar a buscar material pornográfico para estimularse o tener en mente alguna persona atractiva para tener una estimulación. Es muy fácil caer en la adicción. Hoy la pornografía es uno de los negocios más lucrativos, es muy fácil tener acceso a ella y es tan cautivante que puede dejar a un joven esclavizado para toda la vida, incluyendo su vida de casado donde puede experimentar serios problemas.

Debido a que quien se masturba es movido a buscar imágenes, sea en fotografías, videos o en la Internet, también comienza a desarrollar todo un mundo de *fijación*, una tendencia a buscar una *variedad constante* y de estimulación regular por medio de la *fantasía*. La *fijación* se da cuando el joven se acostumbra a ver imágenes pornográficas. Se acostumbra a ver cuerpos bonitos, sumamente atractivos y su mente se llena de imágenes que nunca se borrarán. En la mente va guardando imágenes de cuerpos casi perfectos y de mujeres o varones dispuestos a satisfacer todo deseo.

La *variedad constante* se da porque generalmente los jóvenes no se contentan sólo con una fotografía ni buscan siempre la misma foto para estimularse y masturbarse. Buscan variedad y van observando a personas de diferentes razas y con variados senos, cinturas, cuerpos y órganos genitales. Intentan ver imágenes en que se practican relaciones sexuales en diferentes posturas. Sus mentes se acostumbran a la variedad porque eso es lo que constantemente hacen.

La estimulación por medio de la *fantasía* se da por la necesidad de pensar en alguien, de imaginar circunstancias, personas, cuerpos, posiciones en sus relaciones sexuales y aun lugares donde las realizan. Sus mentes se acostumbran a imaginar ambientes ficticios. Tienen que salir de la realidad para participar de su mundo imaginario.

Debido a esos hábitos, los jóvenes comienzan a preparar el ambiente adecuado para problemas emocionales y pecaminosos. Los problemas emocionales se dan porque mientras más satisfacción se sienta haciendo eso y mientras más desarrollen su imaginación, mientras más fantasías sean capaces de crear, más obsesiva se hace su práctica. Luego, llega el momento en que ven a las personas del sexo opuesto como objetos sexuales. Un joven puede comenzar a observar constantemente el cuerpo de las mujeres. Puede sentirse estimulado cuando juega con las muchachas o sale con ellas y luego al masturbarse comienza a tener fantasías con una chica que le atrae.

Cuando los jóvenes van perdiendo el control, también van perdiendo su temor y cada vez buscan más material pornográfico y más fantasías. La persona comienza a acostumbrarse al autosatisfacción y va perdiendo la idea principal de la sexualidad que es que dos personas de diferente sexo, que se aman saludablemente, tengan una relación de intimidad en que ambos buscan con dignidad, respeto, empatía y dentro de las reglas de moralidad, la satisfacción sexual de su cónyuge y la propia. Algunos jóvenes llegarán al matrimonio no sólo con ideas equivocadas sino con pasiones desordenadas. La determinación a buscar la satisfacción personal a como dé lugar será un obstáculo en la vida matrimonial.

Algunos jóvenes que han practicado la masturbación y han estado metidos en el mundo de la fantasía, sienten la seria presión de practicar lo que han aprendido y de experimentar la satisfacción con alguien del sexo opuesto. Así, poco a poco se excitan en sus encuentros con sus novias y corren el peligro de llegar a las relaciones sexuales debido a que no tienen experiencia, pues la vida sexual no fue diseñada por Dios para que se practique fuera del matrimonio. Cuando seguimos las indicaciones divinas, la vida sexual se va enriqueciendo mientras más conocimiento vamos adquiriendo y más práctica vamos teniendo en nuestra vida matrimonial. Debido a la falta de experiencia, muchas relaciones sexuales de primerizos y a escondidas y con temor producen frustración y algunos prefieren la masturbación, o insisten en seguir practicando para mejorar y la mayoría queda atrapada en una practica que no puede terminar y seguirá experimentando la necesidad de satisfacción, aunque termine su relación con su novia y volverá a la práctica con una nueva relación.

Cuando se casan, algunos jóvenes que han estado metidos en este mundo de pornografía y masturbación encuentran apasionante su vida sexual al inicio de su relación matrimonial, pero luego caen en una rutina y se sienten decepcionados. Con el paso de los años, sus cónyuges no tienen el mismo cuerpo, no encajan con los cuerpos que acostumbraban ver y que les servían de estimulación. No les es suficiente ver sólo el cuerpo de una persona y siguen buscando pornografía para estimularse. Su mente estaba fijada en la variedad de personas y en la variedad de razas y por eso el cuerpo de su cónyuge puede dejar de ser estimulante. Sus mentes están fijas en tantas fantasías que ahora deben utilizarlas aun cuando estén teniendo relaciones con su cónyuge. Pueden haberse acostumbrado a ver a las mujeres tan sensualmente que así las observan. Algunas personas se han acostumbrado tanto a masturbarse que las relaciones sexuales con su esposa no son suficientes. He tenido que atender a pacientes que han confesado que deben masturbarse a pesar de tener relaciones periódicas con su cónyuge y he atendido a otros pacientes cuyas esposas han buscado ayuda pues sus maridos prefieren masturbarse que tener relaciones sexuales con ellas.

Aunque científicamente no exista prueba de daño para el cuerpo, el conjunto de elementos, circunstancias y fantasías que rodean la práctica de tener orgasmos solos, sí incluye elementos pecaminosos que pueden tener efectos emocionales y espirituales. Una vez más, la vida sexual es para disfrutarla en una relación matrimonial saludable. Ese es el propósito de Dios.

Estos malos hábitos pueden seguir a la persona toda su vida y convertirse en un sustituto de las relaciones sexuales saludables. En sí, sentir excitación no es pecaminoso. No podemos evitar una respuesta corporal. Como alguien dijo, no podemos evitar que los pájaros vuelen por sobre nuestra cabeza pero sí que hagan nido en ella. Además, todo el mundo de fantasías durante la masturbación conduce a pensamientos inmorales que deben ser rechazados por el cristiano. Jesucristo enseñó que no sólo comete adulterio quien tiene relaciones sexuales con otra persona que no sea su cónyuge, sino que también comete adulterio la persona que anida pensamientos sexuales enfocados en la persona que ve y que determina tener un mundo de fantasías.

Dios diseñó las relaciones sexuales para que haya comunicación integral, no para que sea sólo para la estimulación personal. Las relaciones sexuales tienen un lenguaje y cuando éste es bien utilizado sirve para comunicarse íntimamente entre un hombre y una mujer. La masturbación nos lleva a hablar solos y nunca produce una relación sexual. Puede producir una satisfacción sexual personal, pero no una relación sexual.

La vida sexual transcurre en etapas. La primera de ellas es sentir uno su propia sexualidad. Es sentirse un ser sexual, es sentir que uno se excita y siente sensaciones que no había experimentado antes. Esto se da en nuestro encuentro con el sexo opuesto. Es natural sentir esas sensaciones. La segunda etapa es nuestra relación de identificación con personas de nuestro mismo sexo. Nos sentimos cercanos e identificados con seres iguales: los niños con los niños y las niñas con las niñas.

Nos unimos y nos sentimos íntimos al hablar de temas comunes. No existe excitación sino identificación. Esto no tiene nada que ver con la homosexualidad, aunque es precisamente allí donde algunos se quedan, especialmente ahora que el pensamiento liberal de nuestra sociedad enseña que no existe nada malo en las relaciones homosexuales. Eso anima a algunos a creer que esa identificación natural con alguien del mismo sexo es una tendencia homosexual. En esta etapa nos identificamos bien con personas de nuestro mismo sexo porque todavía no estamos lo suficientemente maduros como para dirigir nuestra cercanía al sexo opuesto.

Poco a poco y sin las trabas de la ignorancia y sin las motivaciones de la pecaminosidad liberal, debemos ir dirigiendo nuestra cercanía a alguien que es totalmente diferente a nosotros. Es así que debemos comenzar a relacionarnos pero sin encuentros sexuales, aunque nuestras pasiones pronto nos moverán a desearlos. Tener un sentimiento de amor y de cercanía con el sexo opuesto es normal, querer incluir las relaciones sexuales no es normal para quienes tenemos una alta moralidad cristiana, aunque se ha convertido en algo normal para los no cristianos. Esa es la razón por la que a los catorce años muchos jóvenes ya inician sus relaciones sexuales, que no son momentos de intimidad pues no están preparados para ellas. Lo que experimentan es la satisfacción corporal de una necesidad y usan a otra persona para satisfacer sus pasiones.

El encuentro sexual de profunda intimidad con el otro sexo no es fácil, requiere de un gran compromiso. No es saludable seguir buscando compañeros sexuales, pues Dios determinó que las relaciones sexuales que exaltan la dignidad de la persona y que le hacen sentir una persona amada, digna, respetada y segura, se den dentro del contexto de dos personas del sexo opuesto que se aman y que determinan tener un compromiso de amor permanente. Los jóvenes inmaduros, sin compromiso de amar hasta la muerte, sin intención de conocer íntimamente y mantener esa unidad, pueden tener satisfacción sexual, pero no intimidad. También pueden eyacular y llegar al orgasmo masturbándose o rozando su pene con las piernas de la chica o cuando el muchacho acaricia su vagina, incluso pueden eyacular rozando su miembro con otro hombre, o teniendo sexo con otro hombre, o acariciándose los genitales entre mujeres. Incluso pueden eyacular masturbándose y viendo una foto de una niña desnuda, o teniendo relaciones con una niña o con un animal, pero eso es tener sexo, pero eso de ninguna manera es intimidad o vida sexual de la forma como Dios la planificó.

Un joven maduro y que ama a Dios con todo su corazón y que ha desarrollado su dominio propio puede pasar por estas etapas y por las tentaciones con mayor fortaleza. Tal como un adulto maduro, que ama a Dios y que ha desarrollado su dominio propio puede tener deseos sexuales y una fuerte atracción por otra mujer, pero es fuerte para renunciar a sus deseos, así también un joven puede renunciar a sus deseos de satisfacción a través de la masturbación aunque tenga siempre una presión. Los casados también somos tentados y también sentimos que nos atraen otras mujeres y también encontramos mujeres que sienten atracción por nosotros. Incluso podemos tener placer momentáneo mayor con alguien con quien hemos desarrollado una pasión pues a nuestra esposa ya la conocemos y hemos disfrutado con ella. Pero debido a que puede sentir una pasión mayor por una persona desconocida y atractiva, debemos utilizar nuestro dominio propio y evitar tener la satisfacción de una pasión que hemos ido desarrollando. El placer de disfrutar de su sexualidad con la persona adecuada, en el momento adecuado y conforme al plan divino es mucho más grande que cualquier otro placer temporal.

El acto de masturbarse no es físicamente dañino. Los conflictos emocionales dependen de la inclusión de los factores mencionados anteriormente y creo que el pecado se da cuando utilizamos las fantasías que nos llevan a pensamientos impuros o la pornografía que nos presenta imágenes que nos mueven a pensar pecaminosamente. Creo que es muy difícil o casi imposible masturbarse sin fantasías y, por lo tanto, creo que es sabio que los jóvenes la eviten y así puedan evitar caer en una espiral que aunque muy apasionante, puede ser muy esclavizante. Sin embargo, también debo decir que la masturbación es un pecado que mediante el arrepentimiento y la confesión Dios perdona como todos los pecados que cometemos todos los seres humanos. No creo que los jóvenes deban vivir esclavos de la masturbación, ni tampoco esclavos de la culpa, pero todos, jóvenes y adultos debemos evitar toda satisfacción de nuestras pasiones de una forma destructiva o que conduzca a la destrucción.

El hecho de que una práctica no haga daño físicamente, no significa que esa práctica no pueda conducir al pecado.

Creo que los jóvenes tanto como los adultos debemos desarrollar el músculo llamado dominio propio. Dios a todo cristiano le da el potencial de vivir en pureza. A todo cristiano le ha derramado el amor, aunque no todos saben amar, ni todos aman porque no han entendido lo que es el amor divino tal como se enseña en la Biblia. Todo cristiano tiene la mente de Cristo, aunque no siempre piense como Cristo. Pero Dios le dio el potencial de desarrollar un sistema de pensamiento basado en los valores bíblicos y mientras más los practique, más se parecerá a Cristo. Todo cristiano al aceptar a Jesucristo recibe el Espíritu Santo y éste le da dones a todos y aunque muchos no saben ni qué don tienen y muchos no los desarrollan, habemos quienes sabemos qué don tenemos y lo hemos desarrollado. Todo cristiano tiene el fruto del Espíritu, como el amor, la fe, la mansedumbre, la templanza. En el fruto del Espíritu se encuentra el dominio propio, pero al igual que el amor y la mansedumbre, la templanza debe desarrollarse aunque no todos los cristianos la desarrollan. El joven que quiere vivir conforme al modelo divino, que quiere vivir en pureza, que quiere prepararse saludablemente para la vida sexual en el matrimonio, debe desarrollar el dominio propio, tal como lo debe desarrollar la persona que tiene tendencia a la mentira, al engaño, a la calumnia, al adulterio, o a las dependencias.

No en vano la palabra de Dios ordena a todo joven: «Huye también de las pasiones juveniles» (2 Timoteo 2.22). No en vano la Biblia ofrece a los que creemos en Dios, aunque sea ridículo para los que no creen, que si no tenemos sabiduría debemos demandarla, que la oración del justo puede mucho, que Dios está listo a responder nuestras peticiones y a ayudarnos a vencer nuestras debilidades. Minimizaría a Dios si no creyera que Dios fuera poderoso para ayudar a los jóvenes que buscan su ayuda y consagran su vida; y quitaría la responsabilidad a los jóvenes si les ofreciera sólo una salida espiritualizada para una tentación muy fuerte.

Cómo comprender las relaciones con el sexo opuesto

Debemos compartir con nuestros hijos algunos principios para que sepan relacionarse con el sexo opuesto. En forma natural, los hombres no nos relacionamos con las mujeres ni las mujeres con los hombres en forma excelente. Las diferencias generalmente se convierten en serios desafíos que no todos saben sortear.

En cierta etapa de sus vidas, nuestros hijos comenzarán a relacionarse con el sexo opuesto y debemos prepararlos para que tengan los recursos suficientes para que esa relación sea apropiada. Comparto a continuación algunos principios que pueden ayudarle a llegar a un acuerdo con respecto a las relaciones con personas del sexo opuesto. ·

1. Relacionarse con personas con preferencias clave muy similares es mejor y más fácil que relacionarse con personas con grandes diferencias.

Las diferencias no siempre son determinantes, pero son muy importantes. Aunque los opuestos nos atraen, es más sabio relacionarse con personas con más similitudes. Nos encanta buscar personas muy diferentes y casarnos con ellas, pero luego pasamos toda la vida tratando de pensar igual. Muchos de los conflictos que tenemos en nuestra vida matrimonial se deben a lo diferentes que somos. Cuando tenemos diferencias en nuestros valores, en la forma como fuimos criados; cuando tenemos diferencias de religión, de gustos, de planes y de metas, también tenemos una relación llena de desafíos que no todos están dispuestos a enfrentar. Si no somos sabios, y la gran mayoría de los que nos casamos lo hacemos sin sabiduría, crearemos una relación que por las diferencias se volverá antagónica, que como consecuencia se volverá aislada u hostil.

Por supuesto que el acercamiento amoroso entre un hombre y una mujer se inicia general y primariamente por la atracción física y es importante que nos relacionemos con personas que físicamente nos agradan, pero la gran atracción que sentimos no sirve para mantener la relación de respeto y cariño que deseamos. Los varones podemos sentirnos atraídos rápidamente porque alguien nos ha impresionado físicamente, pero eso no significa que estamos preparados para tener una buena relación. Esa atracción la experimentan tanto los jóvenes como los adultos y puede ocurrir muchas veces en la vida. Aun los casados pueden sentir atracción por una mujer que no es su esposa y deben mantenerse fieles por los principios que tienen, aunque sean tentados por la atracción que sienten.

Aunque a las mujeres también les agrada el físico de los hombres, son atraídas mayormente por la personalidad más que por el físico. Naturalmente que si esa buena personalidad va unida a un buen físico, a un buen grado de gentileza y respeto, convierte a ese joven en una persona admirada y buscada.

2. Entre personas del mismo sexo puede existir cercanía, simpatía y empatía, pero no debemos permitir que esa relación se transforme en una atracción sexual que lleve a la inmoralidad. Debemos basar nuestras relaciones con el mismo sexo o sexo opuesto en la más alta moralidad. La sexualidad sin restricciones morales nos conduce a comportamientos inmorales.

Este principio es esencial para el desarrollo de una vida altamente moral. Si queremos que nuestros hijos tengan fortaleza para batallar con la fuerte tendencia a la inmoralidad, debemos darles herramientas para que no se dejen influenciar por el erróneo pensamiento liberal que gobierna la sociedad.

Hoy más que nunca se enseña que la homosexualidad es normal y que es inevitable. Hoy se hace creer a los jóvenes que sentir atracción por alguien del mismo sexo no es algo que deba reprimirse, sino que es una tendencia que debemos dejar que se desarrolle libremente pues impedirla puede llevar a una vida traumatizada. Debemos hacerles saber a nuestros hijos que los hombres también sentimos una cercanía por varones y las mujeres por mujeres, que los varones también podemos conectarnos con algunos varones más fácilmente que con otros. Esa correspondencia no necesariamente tiene que ver con una atracción sexual sino simplemente es una reacción de empatía, un encuentro de caracteres afines, a veces de gustos similares o de problemas comunes, y esa actitud de empatía nos lleva a ser más cercanos. También las mujeres pueden sentir una conexión más fácil, natural y casi automática con otras mujeres, pero eso no significa que esa cercanía deba ser conducida a un acercamiento sexual. También un padre puede sentir una cercanía con su hija y cuando va creciendo puede sentir atracción sexual, pues los hombres nos excitamos por lo que vemos, pero sus valores y sus principios de moralidad le ayudarán a evitar relaciones incestuosas.

Algunos muchachos y algunas chicas, debido a la errónea enseñanza de la sociedad de nuestros días, creen que por sentir aquella cercanía con alguien del mismo sexo significa que son homosexuales o lesbianas, y debido a la influencia del pensamiento de la sociedad y al libertinaje sexual que existe, siguen permitiendo esos sentimientos y los desarrollan al punto de convertirlos en una atracción sexual. Debemos alertar a nuestros hijos sobre estos peligros y el pecado que existe en las relaciones homosexuales.

3. Las relaciones entre personas de sexos opuestos son más fáciles de desarrollar mientras más intereses en común tengan las personas que se desean relacionar.

Mientras más intereses en común tengan un joven y una señorita, más fácil será su encuentro y más sencillo el desarrollo de su amistad. A algunas parejas a veces les une el mismo interés en los deportes; a otras les acerca el interés por el mundo intelectual o artístico y por ello tienen temas comunes y dedican parte de su tiempo a actividades relacionadas con sus intereses. Eso les permite pasar tiempo juntos y tener una posibilidad de más cercanía.

Los intereses que se comparten son muy importantes, por eso las parejas que tienen muy poco en común tienden a alejarse pues tienen muchas actividades separadas y no dedican el tiempo necesario ni se dan más ocasiones de encuentro para que la relación se desarrolle. Otras parejas enfrentan conflictos debido a que la persona con carácter más fuerte tiende a presionar más para que sus actividades juntas giren en torno a sus intereses personales; cuando logra que la otra persona ignore sus propios intereses, prepara el terreno para que en el futuro exista frustración en su relación. Esto no significa que la pareja tiene que compartir absolutamente todos los intereses, pero sí deben tener la mayor cantidad de intereses en común pues hace más fácil la relación.

Para relacionarse sabiamente con el sexo opuesto es bueno que ambos tengan una visión general en común. Visión es ver el fin desde el principio, y toda persona tiene algo en mente que quiere conseguir en la vida. Cada persona quiere conseguir algo en sus relaciones interpersonales, quiere lograr algo en sus estudios o en su trabajo. Que esa visión de la vida sea similar les ayuda a pensar y planificar juntos. Los intereses en común ayudan a las personas a determinar cómo van a pasar su tiempo libre, en qué lo van a ocupar, pero la visión común también determina cómo viven su vida. La visión afecta lo que hacen y cómo se relacionan. Si la visión de un muchacho es cumplir con sus estudios y graduarse responsablemente y encuentra una amiga que tiene el mismo interés, ambos serán beneficiados por tener una visión común; pero si se enamora de una muchacha que su mayor interés en la vida es la diversión, es muy fácil que sea influenciado y sea apartado de su visión.

En una ocasión cuando enseñaba a un grupo de adolescentes estos principios para las relaciones interpersonales saludables, uno de ellos me dijo: «Pero todo lo que usted está enseñando tiene que ver con relaciones serias». Entonces le pregunté: «¿Existe alguna relación que no lo sea?» Mientras más en serio tomemos la vida, más maduraremos, menos lastimados saldremos y menos dolor y traumas provocaremos en las vidas de otras personas. Toda relación es seria aunque tristemente no todos toman en serio sus relaciones. Si creemos que las relaciones no son serias seremos influenciados para no dar importancia a las personas. Si no tomamos a nuestro cónyuge, hijo, novia, novio, amigo o amiga en serio, es muy seguro que jugaremos con ellos o no les daremos la importancia que tienen.

Si tiene dieciocho años y quiere tener cercanía con alguien del sexo opuesto, pero su meta no es casarse todavía, su meta debe ser tener relaciones provechosas y respetuosas. Me alegra que su meta sea seguir estudiando, o comenzar muy pronto a trabajar y estudiar, o que tenga otras metas importantes en la vida, pero eso no significa que porque toma las metas en serio sólo va a tener relaciones interpersonales no serias.

Nuestra visión de la vida dicta la forma en que vamos a invertir nuestro tiempo, incluso cómo vamos a desarrollar nuestra vida y los valores que vamos a elegir. Es absolutamente erróneo que debido a que no tenemos una visión clara nos sometamos a la visión de otras personas y tengamos una relación que nos exija vivir bajo las ideas o planificación de otras personas.

4. Las relaciones interpersonales entre un joven y una señorita serán provechosas y ejemplares si ambos tienen valores similares.

Es de gran importancia para la relación entre personas del sexo opuesto que tengan valores y principios comunes. Mediante los intereses comunes podemos tener actividades similares, buscar formas para divertirnos, relajarnos y descansar. Mediante la visión en común nos ponemos metas y podemos desarrollar estrategias comunes. Mediante los valores comunes somos personas con convicciones similares. Cuando aprendemos a vivir por convicciones somos personas estables y correctas. Las convicciones son la brújula de nuestras vidas y la norma de nuestro comportamiento.

Debemos enseñar a nuestros hijos que toda relación interpersonal, ya sea con un hombre o con una mujer debe estar basada en una buena moralidad, en amor genuino y en valores apropiados. La moralidad nos ayuda a mantener una estructura de rectitud, integridad, justicia y pureza. Las convicciones nos ayudan a tomar decisiones basadas en principios. El amor nos ayuda a relacionarnos con gracia, misericordia y con justicia. El amor nos permite dar con respeto y recibir con respeto; nos permite hacer cosas para el bienestar de la otra persona y también para el bienestar propio. El amor permite decirnos la verdad en amor.

Cuando enseñamos a nuestros hijos a desarrollar la amabilidad, la empatía, el perdón, la comprensión, la compasión, el servicio, les estamos orientando para que tengan una relación saludable con cualquier persona, sea hombre o mujer.

Debemos guiar a nuestros hijos para que comprendan que cuando nos relacionamos con alguien que no tiene un carácter apropiado, ese alguien actuará de acuerdo con los valores que tiene. Ellos deberán entender que al relacionarse con personas disfuncionales están eligiendo amistades perjudiciales.

Aunque no sea de su agrado, nuestros hijos deberán aceptar las preguntas difíciles que en algún momento les haremos para evaluar a las personas con quienes se están relacionando.

Es cierto que las relaciones basadas en la simpatía que sentimos son fáciles de iniciar. Nos gusta iniciar relaciones con las personas que nos caen bien y nos sentimos bien, y tendemos a elegirlos como nuestros amigos. Pero no es sabio mantener una amistad sobre la base de lo bien que nos sentimos.

Es cierto que en las relaciones amorosas el romanticismo y la sexualidad son maravillosos y la atracción que sentimos con alguien del sexo opuesto es extraordinaria, pero si no la fundamentamos en una estructura moral adecuada, la relación no será provechosa.

Las relaciones saludables dependen del carácter maduro o inmaduro que tienen las personas. El carácter es más importante que los intereses, la educación o el dinero que la persona tenga. Si los ingredientes del carácter de una persona no son buenos, no será bueno relacionarse con ella. Jesucristo enseñó que un árbol malo no puede dar buenos frutos. Las cosas malas brotan del corazón de un individuo. La lengua es sólo un instrumento de comunicación de lo que hay en el corazón. Nuestras manos llevan a cabo acciones que han sido dictadas por los valores que hemos archivado en nuestra mente.

Los padres deben realizar serios esfuerzos para entregarles los mejores valores a sus hijos, aunque para evitar frustraciones deben recordar que ellos también tienen una naturaleza pecaminosa que les motivará a realizar elecciones erróneas. Deben recordar que ellos no son perfectos ni se relacionarán con personas perfectas.

5. La orden divina para las relaciones amorosas entre los humanos es
que nos relacionemos con personas de la misma fe y no con los no cristianos.

Relacionarse amorosamente con una persona no cristiana no sólo aumenta la posibilidad de conflictos, sino que, además, es un acto de desobediencia que traerá serias consecuencias. Pablo escribe: «No se unan ustedes en un mismo yugo con los que no creen. Porque ¿qué tienen en común la justicia y la injusticia? ¿O cómo puede la luz ser compañera de la oscuridad? No puede haber armonía entre Cristo y Belial, ni entre un creyente y un incrédulo» (2 Corintios 6.14-15, DHH). La fe verdadera y bíblica es normativa. Los cristianos genuinos no viven una vida religiosa o de ritos simplemente. Deben creer lo que enseña la Biblia y vivir con valores fundamentados en la revelación de la voluntad divina que es la enseñanza bíblica. Los cristianos pueden enamorarse de alguien no cristiano y sentir una profunda pasión pero es un acto de desobediencia mantener relaciones amorosas o casarse con alguien que no tiene la misma fe. Esos sentimientos tan profundos que motivan a ignorar las convicciones, más tarde serán superados por las diferentes convicciones. Esas convicciones distintas con respecto a la vida, la moralidad, la sexualidad, la crianza de los hijos, la vida eclesiástica, generarán diferencias muy grandes que muchas parejas no logran superar.

Los padres cristianos enseñamos convicciones cristianas, y los padres no cristianos enseñan convicciones diferentes. Los hijos también deben entender que los padres tenemos la responsabilidad de enseñarles los valores morales, pero ellos serán los responsables de aplicarlos o rechazarlos y de su rechazo o aceptación depende el tipo de vida que vivirán. Deben entender que aunque les entreguemos los mejores principios y la mayor información, en determinados momentos sus decisiones no se basarán en sus convicciones sino que más bien serán movidos por sus pasiones. Ellos deben saber que mientras más control tengan y más importancia le den a su vida cristiana y mientras más se sometan a esos valores y a la moralidad, su vida será de mayor santidad, y que si deciden vivir con sabiduría y prudencia desarrollarán sus vidas y relaciones con excelencia.

A nuestros hijos debemos enseñarles que no busquen a una persona sólo porque asiste a una congregación o dice ser cristiana. Deben buscar a alguien que tenga una buena relación con Dios. Quien ama genuinamente a Dios siempre tiene en mente un deseo de seguir mejorando. Es cierto que los cristianos no somos perfectos, pero hemos decidido vivir bajo una autoridad mayor que nuestra sola conciencia; que no sólo guiamos nuestra vida por los consejos y autoridad de nuestros padres sino que también hemos escogido vivir bajo la autoridad divina, y que aunque en algún momento nos rebelamos y no queremos someternos a ella, tarde o temprano recapacitaremos o estaremos dispuestos a buscar consejo, guía y dirección y aun aceptar una seria exhortación.

Debemos enseñar a nuestros hijos a vivir en la virtud del perdón. Que aprendan a pedir perdón y perdonar porque las relaciones interpersonales siempre están plagadas de conflictos, diferencias, discusiones y a veces se causan heridas y estas heridas necesitan sanarse por medio de la virtud del perdón.

Es cierto que ningún ser humano es perfecto y nunca existirá la relación ideal. Esto debemos enseñarlo a nuestros hijos para que no tengan expectativas equivocadas.

No podemos vivir sin relacionarnos, pero no todas las relaciones son saludables. Quien consciente o inconscientemente y debido a su juventud o por cualquier otra razón no tiene relaciones serias, no sólo afectará su vida, sino la vida y las emociones de los demás, porque toda relación es seria aunque tristemente no todos toman en serio sus relaciones. No puede desarrollar relaciones profundas y saludables quien con su cónyuge, hijo, novia, novio, amigo o amiga no se relaciona en forma seria y respetable.

Conversaciones afectuosas sobre las citas amorosas

Estoy convencido de que puedo dar una respuesta positiva a la pregunta que me han hecho con cierta frecuencia. Muchos padres se preguntan si deben o no autorizar a sus hijos a tener citas amorosas; y muchos hijos se preguntan a qué edad pueden comenzar a tenerlas.

Mi posición es sumamente clara, pero a la vez se necesita entregar una serie de detalles para que comprendan cuál es la razón para tener esta posición. Estoy convencido que el problema no es tener o no tener citas amorosas, sino más bien cómo, dónde, cuándo, y la forma en que debemos tenerlas para que no se conviertan en un proceso de satisfacción de nuestras pasiones, sino otra etapa de la vida en que nos sometemos a Dios y a la enseñanza bíblica para determinar nuestras convicciones.

Mi respuesta a esta importante pregunta la baso en principios absolutos, en los más altos valores morales y no en mis preferencias personales. Si usted me preguntara si es malo tener un televisor o una computadora con conexión a Internet, mi respuesta no estaría basada en mis preferencias personales. He determinado no decirle lo que me gusta sino en compartir respuestas basadas en convicciones. Por lo tanto, creo que ni los televisores ni las computadoras con conexión a Internet son malos. Puede utilizar el televisor para un entretenimiento sano, para imponerse de las noticias o ver documentales buenos e ilustrativos. Tampoco creo que la Internet sea mala pues puede utilizarse para una comunicación rápida, para divertirse sanamente e informarse inteligentemente. Lo malo o lo bueno depende de las convicciones que tiene en su mente. Si no tiene integridad ni se somete a principios de alta moralidad usted buscará mala diversión y películas o sitios pornográficos que le llevarán a dependencias y a su destrucción. Ni la conexión a la Internet, ni la computadora ni el televisor son malos en sí. El problema es qué es lo que se hace con ellos. Si me pregunta si se puede tener televisor y computadora, mi respuesta es sí, pero mi pregunta es: ¿Qué hace usted con ellos?

Si me pregunta si se debe o no usar preservativos para tener relaciones sexuales, mi respuesta es sí se puede, pero depende dónde, cuándo, con quién y en qué circunstancia. Si la pregunta me la hace una persona casada y me informa que quiere llegar a un acuerdo con su cónyuge para tener un sabio control de su natalidad, mi respuesta será sí. Pero si la misma pregunta la realizan dos jóvenes deseosos de saciar su pasión sexual, mi respuesta es no.

Mi respuesta a la pregunta de si se puede o no tener citas amorosas es sí, pero depende con quién, cómo, cuándo, dónde y por qué desea tenerlas.

Una temporada de la vida

Las citas amorosas son parte de una etapa de la vida. Todo individuo debe tenerlas. Tener encuentro entre dos personas que se aman y con el propósito de conocerse y determinar si pueden desarrollar una amistad más profunda es parte de la vida. La gran mayoría pasamos por esa etapa en que queremos y debemos decidir con quién nos vamos a casar.

Dios diseñó las relaciones interpersonales y mediante ellas crecemos. Él determinó que nos relacionemos con el sexo opuesto en preparación para la relación conyugal. Él no determinó que súbitamente y sin tener ningún conocimiento y sin nunca habernos relacionado con alguien del sexo opuesto, de un día para otro, determinemos casarnos. Así que si nos metemos dentro de los parámetros bíblicos, si nos relacionamos de acuerdo con el propósito de Dios, siguiendo principios y valores apropiados, las citas amorosas son necesarias y adecuadas.

Indudablemente que me opongo a toda relación que produzca confusión, dolor y cree desilusión. No estoy de acuerdo con ninguna forma de relacionarse que produzca heridas y deje traumas, sea dentro o fuera del matrimonio. La revelación bíblica rechaza toda relación que provoque angustia, que ataque la dignidad, que ilusione y luego destruya a la persona. Estoy convencido que jugar con los sentimientos de un joven o de una señorita, llenarse de ilusión y terminar heridos y en una seria confusión no es producto de citas amorosas, sino de citas pasionales.

Creo que el dolor que experimentan especialmente las señoritas, esa acumulación de traumas y experiencias dolorosas que les impiden luego tener una relación conyugal saludable debe terminar, y la única persona que puede parar aquello es el propio individuo que está viviendo bajo ideas equivocadas y sólo puede hacerlo si determina vivir bajo convicciones apropiadas.

He notado algo muy importante. He podido discernir que cuando me preguntan si se puede o no tener citas amorosas no estamos hablando el mismo idioma. Nuestra definición de citas amorosas es distinta. La gran mayoría de los jóvenes está buscando la autorización de una autoridad en la Biblia para tener encuentros con el propósito de pasear, divertirse, en otras ocasiones conversar, a veces abrazarse, también acariciarse y besarse apasionadamente. Ellos desean verse con frecuencia, no necesariamente para conocerse emocional y espiritualmente sino más bien para disfrutar de la compañía, conversar y tener cercanía física.

Los padres sabios no necesariamente se oponen a las citas amorosas, sino que se oponen a lo que ellos saben que ocurrirá. Si son honestos tendrán que admitir que por falta de conocimiento o por mala formación ellos también cometieron la misma equivocación. Muchos padres también se equivocaron y causaron dolor, y también sufrieron el dolor y la angustia que resulta de las citas apasionadas que llevan a romper convicciones y a jugar con las emociones. Los padres que ahora entienden los principios cristianos y han elegido nuevos valores no quieren que sus hijas sufran el dolor del engaño y la desilusión.

Estoy convencido que la mayoría de los padres desean que sus hijos se relacionen con alguien del sexo opuesto en las circunstancias y con los valores apropiados, pero ningún padre desea que por la falta de preparación desarrollen relaciones que en vez de ser hermosas y constructivas sean traumáticas y destructivas.

Sí a la piedad, no a la mundanidad

Por ser una persona amante de Dios y de la familia saludable, deseo que todo joven tenga citas amorosas piadosas y no citas apasionadas con prácticas que excitan las pasiones normales y pueden conducir a las relaciones sexuales. El mandato divino que aparece en la Biblia es claro y enérgico. No dice que estimulemos las pasiones juveniles sino que huyamos de ellas. El mandato divino es que no practiquemos la inmoralidad sexual, que reservemos las relaciones sexuales para la vida conyugal. Las citas amorosas como se practican regularmente y bajo la influencia de la filosofía liberal son contrarias al mandamiento divino de huir de las pasiones y de no practicar la inmoralidad sexual.

Debido a que lamentablemente en los círculos cristianos no se enseña detallada, profunda y bíblicamente cómo deben relacionarse los jóvenes, estos generalmente están muy influenciados por el sistema de pensamiento del mundo que, por supuesto, no tiene interés en los principios divinos.

Los jóvenes quieren tener una cita amorosa o un noviazgo pero a la moda mundana. Quieren actuar de acuerdo con la forma como lo han concebido a través de las películas, las novelas, las experiencias que vieron en sus familiares, lo que hacen sus amigos, o lo que la gran mayoría de las personas, incluso muchos cristianos, cree, equivocadamente.

Me opongo a que los cristianos tengan un matrimonio a la moda mundana. Me opongo a que después de su conversión, los cristianos sigan desarrollando su relación matrimonial conforme a las ideas que tenían antes de su conversión y guiados por las ideas obtenidas de la sociedad liberal. Me opongo a que los jóvenes sigan las ideas de noviazgo de la filosofía anti-Dios o sin Dios y también que los adultos en cuanto maridos, mujeres o padres desarrollen su vida familiar basados en esa misma filosofía. Me opongo a esas ideas porque lamentablemente impiden que se desarrolle una amistad sincera y bajo principios de alta moralidad y de respeto por la dignidad y los sentimientos humanos.

El cambio que produce el primer beso

Un joven y una señorita pueden salir juntos como amigos, pero en muchos casos se desarrolla una atracción. Mientras no exista atracción de uno de ellos o de ambos, la amistad puede seguir desarrollándose pues no se involucran de manera pasional. La atracción remueve nuestra pasión. Mientras tienen ese tipo de amistad, el joven y la señorita pueden compartir abiertamente y conectarse espiritual y emocionalmente, pero en el momento en que se inicia la atracción y responden a ella con un primer beso, es imposible que no se remuevan las pasiones. De allí en adelante comienza lo que los jóvenes definen como citas amorosas. De allí en adelante comienza una pasión desbordante que motiva al encuentro. Mientras más se acarician, mientras más solos están, mientras más se besan, mientras más se tocan sensualmente, más remueven sus pasiones y más cerca están de las más serias tentaciones. Después del primer beso en la boca, ellos saben que son novios y empiezan a tener citas que se describen como amorosas.

Lamentablemente, cuando se comienza a desarrollar la relación con énfasis en el encuentro de los cuerpos, y mientras más se conocen físicamente, menos énfasis existe en el conocimiento emocional y espiritual. Los encuentros más sensuales y excitantes van poniendo en peligro la amistad basada en una buena espiritualidad y una buena moralidad. Las pasiones se van imponiendo a las convicciones. Poco a poco no sienten sólo la necesidad de encontrarse para orar juntos, para estudiar mejor, para conocer sus planes, sus metas, para hablar de los principios que regulan su vida, sino más bien se incrementa la necesidad de tocarse y besarse cada vez más apasionadamente.

Muchos jóvenes confunden la atracción con el amor y por ello a pesar de que dicen que quieren amar, en la mayoría de los casos su relación con énfasis físico llega a ser tan excitante que van perdiendo otros intereses esenciales, tales como sus estudios, la vida de familia y otras responsabilidades que deben cumplir. Incluso algunos jóvenes desprecian sus estudios y las órdenes de sus padres por el «amor» que dicen tener.

Por eso digo que cuando comienza el encuentro físico, y se da la atracción y aumenta el encaprichamiento y la excitación, es prácticamente imposible evaluar sabiamente el carácter de la otra persona, aunque ese debería ser el propósito de desarrollar esas relaciones interpersonales saludables y el fin de tener citas con una persona del sexo opuesto.

Debido a todo lo explicado, me opongo a ese tipo de citas porque creo que no cumple el propósito de Dios para la vida de los jóvenes. En mi concepto, las citas amorosas de ese estilo impiden un proceso de madurez sabio. Creo que las personas se quedan en ese tipo de relación, mantienen la inmadurez y en vez de desarrollar la unidad, desarrollan atracción, y en lugar de ser personas que aprenden a vivir en una relación saludable de interdependencia, van adquiriendo una dependencia emocional, y si tienen relaciones sexuales, se hacen dependientes de su unión sexual.

Las razones por las cuales nos sentimos encaprichados y nos dejamos llevar por nuestra sensualidad en vez de por nuestra moralidad, es porque tenemos una naturaleza pecaminosa, pero los adolescentes y jóvenes tienen otra área de vulnerabilidad y es que aún no llegan a la etapa de madurez.

Así como los casados somos motivados a pecar y para poder mantenernos en pureza necesitamos dominio propio y una alta moralidad, así también los solteros, los jóvenes, los adolescentes necesitan carácter para relacionarse bien y los padres tenemos la obligación de guiarles.

Muchos jóvenes que quieren tener citas amorosas, generalmente confunden la relación física con el amor, y creen que su amor aumenta porque el encaprichamiento se incrementa. El énfasis en las relaciones físicas y la falta de controles morales no sólo puede alejar a los jóvenes de la cercanía y el respeto a su familia, sino también conducirles a comportamientos inmorales.

Los adolescentes y el amor

Los adolescentes también aman, y comienzan a anhelar tener relaciones más cercanas con miembros del sexo opuesto. Pero, como muchos adultos, tampoco saben amar. Sólo conocen lo que sienten, pero no conocen lo que verdaderamente es amor ni cómo enmarcar sus sentimientos dentro de principios adecuados. Estoy convencido que también los adolescentes necesitan y deben empezar a relacionarse con personas del sexo opuesto, pero no creo que se les deba permitir tener citas solos. Creo que pueden pasear como amigos, visitar la casa de los padres de cada uno, salir con el permiso de los padres y con la compañía de otros jóvenes que son monitoreados por adultos responsables, pero no creo que antes de la mayoría de edad los padres deban dar permiso para que tengan citas amorosas solos. No creo que estén preparados para manejar con responsabilidad una relación amorosa donde existe atracción.

Es posible que tampoco estén preparados a los dieciocho años; sin embargo, debido a que la ley les otorga la mayoría de edad, legalmente pueden tomar decisiones personales, aunque si siguen viviendo bajo la protección, el cuidado, el apoyo y la economía de sus padres, estos tienen la libertad y la autoridad para negociar con sus hijos y llegar a acuerdos sabios con respecto a permisos, horarios, actividades, amistades y otras decisiones que deben tomar los jóvenes.

Creo que la relación saludable bajo principios bíblicos y bajo la autoridad y supervisión de los padres ayuda a los adolescentes a aprender a relacionarse con el sexo opuesto. Tienen la oportunidad de aprender a relacionarse con alguien diferente y a aplicar reglas, consejos y principios y observar las fallas que ambos tienen. Tendrán una gran oportunidad de conocer a otra persona, de identificar valores, costumbres y comportamientos diferentes. Podrán ir conociendo la forma diferente a como fueron creados, las diferencias sexuales y los diferentes límites morales, así como las distintas necesidades individuales y la forma única de ver la vida de cada persona.

Los jóvenes y sus citas

Aunque los jóvenes mayores de edad tienen más libertades, no creo que los padres deban permitir que vivan en el hogar tomando decisiones personales como si ya fueran independientes. Si deciden abandonar el hogar, pueden hacerlo porque la ley se los permite, pero los padres deben llegar a acuerdos sobre el tipo de apoyo que les brindarán si determinan vivir independientemente. Los padres no están obligados a seguir apoyando completamente a un joven que determina por rebelión o por una sencilla decisión abandonar el hogar. Aunque los hijos no dejan de ser hijos y aun en casos de rebelión seguiremos amándolos, la forma como manifestamos nuestro amor debe ser una forma bíblica, sabia y adecuada. La realidad es que en algún momento, con permiso o sin él, nuestros hijos van a relacionarse con alguien del sexo opuesto. La realidad es que van a experimentar el enamoramiento. La realidad es que al estar en cercanía o en contacto físico con alguien van a sentir excitación. La realidad es que en determinado momento se van a encaprichar y en algunas ocasiones van a terminar decepcionados. Con nuestro consentimiento o sin él, van a necesitar establecer relaciones interpersonales, pero es mucho mejor que lo hagan como resultado de un acuerdo con los padres y tengan la debida supervisión.

Debemos ayudarles en sus alegrías y en sus tristezas porque en algunas ocasiones se darán cuenta que su atracción era un sentimiento pasajero y que la gran ilusión que sintieron terminó en una fuerte decepción. Si han pasado por alguna experiencia decepcionante, debemos ayudarles para que sanen su dolor emocional, pero para que al mismo tiempo aprendan la lección de no volverse a relacionar de la misma manera efímera, aunque les permitió vivir experiencias destructivas, y es en aquello en lo cual debemos entrenarlos para que no vuelvan a repetir esas experiencias.

Las citas, relaciones más cercanas

Las citas amorosas desarrolladas en forma bíblica permiten las relaciones interpersonales más cercanas. Las relaciones más cercanas, a su vez, exigen mucho de una persona. Éstas tienen que desarrollar determinadas destrezas y tomar en cuenta la opinión de la otra persona. No solamente comienzan a decidir con respeto a los lugares que van a visitar o los amigos que van a frecuentar, sino que comienza una etapa más seria en que deben poner más atención a los gustos, sentimientos, opiniones y principios de otra persona. Es en este tipo de relaciones cuando los jóvenes y las señoritas se dan cuenta de sus inseguridades o habilidades para desarrollarse; de la forma como se comunican, como tratan al otro, y si lo hacen apropiada o inadecuadamente. Allí comienzan a conocer más sobre sus áreas de inmadurez y si saben o no enfrentar sus problemas. Si tienen la debida madurez, los jóvenes deben ser sabios para buscar la ayuda y dirección de sus padres, o de líderes de la iglesia que puedan orientarles para que en esa relación y bajo dirección aprendan a resolver conflictos y a desarrollar amistades. Debe orientárseles a que tengan una sana relación que respete la dignidad de las personas y que no busque sólo su gratificación personal.

Las citas, una oportunidad de autoevaluación

Las citas amorosas permiten a los jóvenes tener una forma de evaluar su propia vida, sea que ellos lo elijan o no. Mientras no estén relacionados con otra persona del sexo opuesto no tendrán manera de evaluarla. El joven solamente conoce algo de su padre y de su madre, pero no conoce lo que se da en una relación amorosa con alguien del sexo opuesto.

En esta nueva relación pueden evaluar si saben respetar, si tienen iniciativa para ayudar, si les importan los sentimientos y gustos de otra persona y si están dispuestos a pasar por los desafíos de relacionarse con una persona tan distinta. Ese proceso de práctica es esencial para su vida futura y para la vida matrimonial.

Es difícil que un joven se evalúe a sí mismo; por eso es necesaria la ayuda de aquellos que supervisan y permiten este tipo de relación. Estos deben ayudarles en su proceso de comprender que la relación no sólo sirve para evaluar a la otra persona sino también para evaluarse a uno mismo.

Muchas personas no se conocen ellas mismas ni conocen bien al sexo opuesto; muchos no han tenido nunca una relación cercana de este tipo, y sabemos que todos tenemos ideales y atracciones naturales y también pensamientos lógicos de nosotros mismos y de otras personas, pero es la relación interpersonal la que nos permite examinar más profundamente nuestra propia vida.

Es en las citas amorosas donde los jóvenes pueden evaluar si son capaces de vivir de acuerdo con sus convicciones, o si darán rienda suelta a sus pasiones. Esa relación les brinda una hermosa oportunidad de vivir bajo principios bíblicos, respetar a una persona y aprender a dar y a recibir. Sin embargo, esa relación mal manejada puede crear un mundo de angustia y aflicción y de experiencias traumáticas.

La realidad es que en algún momento, con permiso o sin él, nuestros hijos van a relacionarse con alguien del sexo opuesto. La realidad es que van a experimentar el enamoramiento, el contacto físico, la excitación y siempre mantendrán una lucha entre sus convicciones y las pasiones. Con nuestro consentimiento o sin él necesitarán establecer relaciones interpersonales, pero es mucho mejor que lo hagan como resultado de un acuerdo con los padres, con una sabia dirección y que además tengan la debida supervisión.

Recomendaciones de padres amorosos

En su proceso de preparación para tener citas, los padres deben conversar con los hijos de la forma más respetuosa y profunda posible.

Estas conversaciones no deben ser producto del enojo por descubrir relaciones no permitidas o por la desesperación de no saber cómo lidiar con las relaciones amorosas de sus hijos. Estas conversaciones con los hijos deben ser producto del amor, deben ser el resultado de un momento planificado por ambos para compartir una etapa de mucha importancia para la vida del joven.

Dos de las más importantes indicaciones que los padres deben dar a los hijos que desean tener citas amorosas conforme a la voluntad divina es que se relacionen para la gloria de Dios y que fundamenten su relación en la verdad.

Relaciónense para la gloria de Dios

Esta determinación debería ser muy natural para los cristianos y muchos dicen anhelar hacerlo, aunque no entiendan lo que realmente significa. Aun los adultos cristianos no entienden bien la demanda divina que dice: «Si, pues, coméis o bebéis, o hacéis otra cosa, hacedlo todo para la gloria de Dios» (1 Corintios 10.31)

El amor que tenemos por Dios debe ser tan profundo y real que debe motivarnos a vivir en santidad. La intención del apóstol Pablo es dejar en claro que el cristiano debe tomar la determinación de siempre vivir con la intención de agradar al Dios que dice amar y que le ama. Esta es una demanda a vivir con la santidad que Dios demanda, que incluye todo nuestro estilo de vida y aun la forma como los jóvenes se relacionan.

Vivir para la gloria de algo o de alguien es ser un buen testimonio de la persona que uno representa; es cuidar la reputación de esa persona. Todos vivimos para la gloria de algo o de alguien. Yo he determinado vivir para la gloria de Dios y por ello lucho por vivir una vida sometida a sus valores, que practica los principios para la vida diseñados por el Creador de la vida. Debido a esa permanente meta de mi vida, he recibido reconocimientos en mi país. Autoridades de mi país han pensado que soy de buena reputación para mi nación. He recibido honores de la universidad donde me gradué, pues las autoridades de esa institución piensan que les he representado bien. He recibido honores de iglesias e instituciones privadas pues creen que mi testimonio ha mostrado su buena reputación. Algo similar debe ocurrir cuando vivimos para la gloria de Dios. Nuestros actos deben mostrar la excelente reputación que Dios tiene. Dios demanda que vivamos para su gloria y para hacerlo debemos hacer todo el esfuerzo posible para investigar cuál es la voluntad de Dios para nuestra vida, qué es lo que Dios demanda en nuestras relaciones interpersonales, cómo debemos relacionarnos, qué palabras debemos utilizar, qué actitudes debemos tener y cuáles son los límites que debemos establecer, para tener la posibilidad de vivir dando la gloria que Dios merece. Quien determina vivir para la gloria de Dios luchará por no basar su vida en sus ideas sino en los mandamientos bíblicos. Cuando vivimos conforme a la voluntad divina, conforme al diseño del Creador, le damos a Dios la gloria que Él merece.

Vivir para la gloria de Dios es algo maravilloso, es lo más importante que puede determinar una persona, y que no solamente beneficia a quien lo practica, sino también a los que lo rodean. Una persona que vive para la gloria de Dios no hará daño a otra persona ni permitirá que le hagan daño pues se convierte en un gran mayordomo de su vida.

Es excelente querer tener una relación basada en altos principios morales y espirituales. La relación con Dios es la más profunda, intensa, e importante relación que debe tener el espíritu de los seres humanos, e influye todo nuestro ser.

Una conexión espiritual saludable con Dios permitirá que tengamos una conexión integral saludable con los seres humanos. Un joven que ama a Dios, que tiene cercanía con Él y que ha decidido vivir sometido a la voluntad divina luchará por tener una profunda relación espiritual que no permite la inmoralidad. Hará todo esfuerzo por tener una profunda relación emocional saludable que impedirá que abusen de él y no abusará de la persona que ama y tendrá una relación física que no produce excitación ni le motiva a las relaciones sexuales. Este tipo de relación, como explico en mi libro *Noviazgo con propósito*, nunca produce daño. Un joven puede terminar su relación y seguramente sufrirán dolor si han sido sinceros, pero será el dolor natural que no se convierte en una experiencia traumática.

Si una persona que verdaderamente ama a Dios y anhela cumplir su voluntad y se relaciona con alguien que no tiene la misma fe, pronto se dará cuenta que a pesar de que las emociones les atraen, sus convicciones les separan. Si un cristiano se siente bien saliendo con una persona con muy diferentes valores morales y espirituales, la relación no es buena, y la vida espiritual del cristiano no es buena ni anhela agradar a Dios.

Cometemos un serio error si permitimos que la persona con quien queremos relacionarnos, o estamos relacionándonos, en la practica se convierta en alguien más importante que Dios. Esto puede parecer imposible, pero es la realidad de muchas relaciones. Muchas veces una persona comienza a dar tanta importancia a los deseos, los gustos, las palabras, las órdenes y las actitudes de la otra persona que no le preocupa romper los valores divinos. Por lo tanto, al no establecer límites apropiados, él o ella se convierten en un ídolo y satisfacen sus pasiones aunque vayan en contra de la voluntad divina.

Si una relación con una persona nos aleja de Dios nos creará severos conflictos personales. Las relaciones importantes y significativas difícilmente se mantendrán espiritualmente en neutro; más bien tienden a llevarnos en una u otra dirección.

Los jóvenes y las señoritas que desean tener una relación como Dios ordena, deben identificar bien la fe que tienen, los valores en los cuales basan su vida y luego examinar si la otra persona ha integrado su fe a la vida real. La gente religiosa no vive su fe; solamente conoce determinadas verdades. Las personas espirituales viven su fe, y tienen un carácter cristiano que les permite integrar la verdad de los mandamientos de Dios a su vida cotidiana.

Lo que Dios quiere es que nuestra vida espiritual influya todas nuestras acciones, que dirija todos los aspectos de nuestra vida incluyendo nuestra sexualidad, las relaciones interpersonales, las finanzas, la moralidad, la forma como trabajamos y la forma como desarrollamos nuestros papeles en la vida familiar.

Ningún muchacho debe avergonzarse de su fe; al contrario, mientras más libre sea en declarar su vida, sus creencias, su moralidad, y mientras más fuerte sea en mantenerse en sus valores, más sana será su relación interpersonal.

Quien desea vivir para la gloria de Dios debe vivir un constante desarrollo espiritual. Mientras más maduras son las actitudes, y mientras más conocemos y aplicamos los valores, más saludables son nuestras relaciones.

Creo que es absolutamente destructivo negar la existencia de conflictos espirituales en la relación si los dos piensan completamente diferente. También es un error tratar de cambiar la espiritualidad de la otra persona. Eso nadie debe tratar de hacer. Querer que la otra persona sea espiritualmente compatible cuando no lo es, es una pérdida de tiempo, puede motivar a la otra persona a fingir que tiene la misma fe sólo para continuar en la relación, pero ese cambio por presión no permite una relación saludable.

Tampoco es sabio ignorar su propia debilidad espiritual y no emprender acciones que le permitan corregir sus actitudes erróneas. Quien ignora el estado de su vida espiritual está ignorando a Dios. Tener miedo de tratar los asuntos espirituales y no ser honesto, elimina a Dios de nuestras citas y, por lo tanto, nos deja a nosotros como los principales responsables de lo que ocurra en esos encuentros.

Cuando determinamos que Dios va a ser importante trataremos de vivir siendo un ejemplo y dando una buena reputación al Dios que nos ama. Dios manda que lo incluyamos en nuestras citas amorosas pues es la única manera que vivamos vidas excelentes y tengamos relaciones exitosas.

> *Lo más importante en todo este proceso de relacionarse con alguien del sexo opuesto no es cómo acomodar nuestra creencia en Dios a nuestras relaciones amorosas, sino cómo acomodar nuestras relaciones amorosas a los principios y valores divinos. Los jóvenes deben decidir que su relación con Dios será la que determinará el tipo de relación interpersonal que tendrán, y no que la relación interpersonal determine el tipo de relación que tendrán con Dios.*

Relaciónense basados en la verdad

Ninguna relación basada en el engaño puede permanecer; por ello es importante poner atención a esta maravillosa verdad enseñada en la Biblia: «Y conoceréis la verdad, y la verdad os hará libres» (Juan 8.32).

Este versículo indica que los cristianos tenemos el privilegio de conocer la verdad y por ello debemos elegir vivir en la verdad. Jesucristo dijo: «Yo soy el camino, y la verdad y la vida» (Juan 14.6). Esta enseñanza de Jesucristo confirma que quien conoce verdaderamente a Jesucristo, quien ha decidido tener una relación con Cristo, no quien lo conoce de nombre o cree en su existencia, conoce la fuente de la verdad. Mediante nuestro estudio de la Biblia vamos conociendo en forma práctica las verdades sobre la vida, la familia, sobre el universo, sobre la salvación. Quien conoce la verdad, es decir, quien tiene una relación personal con Jesucristo, y quien aplica la verdad revelada en las Escrituras, puede vivir una vida basada en la verdad y por ello vivirá una vida libre. No tiene nada que esconder, su vida es íntegra, dice la verdad y vive la verdad. Este tipo de relación es la que Dios espera de los cristianos. Dios espera que padres e hijos nos relacionemos basados en la verdad.

Ninguna relación basada en el engaño será saludable, y si se mantiene esa relación enfermiza, no sólo el noviazgo será doloroso sino que el matrimonio será destructivo. Debemos aconsejar y guiar a nuestros hijos a vivir en la verdad. Ellos deben determinar no tener relaciones engañosas. No tratar de engañarse a ellos mismos. Si quieren mantener una relación por la pasión que sienten, pero no por el amor que dicen tener, deben ser honestos con ellos mismos. Si les gusta compartir y salir con una chica o un chico pero comienzan a sentir atracción por otra persona, deben ser honestos. Si no tienen interés en tener una relación pero no quieren decirlo, cometen un error, no viven la verdad y deben elegir la verdad. Si a la chica o al chico le gusta engañar a sus padres e ir a lugares que no fueron autorizados o mentir al no llegar a la hora acordada, es sabio pensar que así como engaña a sus padres, el siguiente engañado será uno. Cuando alguien oculta cosas, o dice cosas que no son, la relación está basada en una farsa. No es sabio continuar una relación si se descubre que una de las personas tiene problemas de deshonestidad. La confianza es todo en una relación; cuando ésta se pierde no sólo es destructivo sino también es muy difícil recuperarla. Donde hay engaño no existe una relación saludable.

En la vida matrimonial una de las experiencias más destructivas es el adulterio; y lo que más duele a las personas es el engaño. Existe engaño cuando una de las partes de la relación interpersonal dice que le está dando seriedad a la relación cuando en realidad no es cierto. Esa no es una relación seria porque existe engaño.

Cuando alguien ha fingido su romanticismo, ha fingido su cariño y respeto, cuando alguien ha ilusionado con palabras bonitas, con cartas bien escritas o canciones románticas y luego uno descubre su falta de sinceridad, su falta de seriedad y el engaño, deja heridas difíciles de sanar.

Cuando existe verdad y no tenemos la intención de usar a las personas; cuando no jugamos con la pasión ni producimos constante excitación; cuando no tenemos relaciones sexuales fuera del matrimonio que dejan a los jóvenes unidos; y se termina la relación, existe dolor, pero no existe trauma por el engaño o por crear ilusiones. Perder un amor, o la esperanza del amor, es parte de la dinámica de las citas, y no debe hacer daño cuando las relaciones han estado basadas en la verdad y se han desarrollado con alta moralidad y pureza.

El apóstol Pablo, hablando de las relaciones interpersonales dijo: «Por lo tanto, dejando la mentira, hable cada uno con su prójimo con la verdad, porque todos somos miembros de un mismo cuerpo» (Efesios 4.25).

El engaño de una persona en una relación produce la destrucción de la confianza y destruye la relación. Algunas personas engañan con respecto al grado de amistad con otra persona; a veces dicen que son solamente conocidos cuando en realidad son amigos; y a veces dicen que son sólo amigos cuando en realidad tienen interés de convertirse en novios.

Hay otras personas que engañan sobre su vida, su situación, sus finanzas, sus estudios, su familia, su pasado, sus metas y muchas otras cosas. Cuando alguien vive en un mundo de engaño tiene un problema de carácter que mantendrá si no es confrontado y si no determina vivir en la verdad. Mentir sobre sus sentimientos, su familia, su carácter, sus convicciones, sus planes o sobre cualquier aspecto de su realidad lleva la relación a una grave enfermedad.

Hay personas que engañan por temor; tienen temor a que se termine la relación o temor a ser exhortados y confrontados. Hay algunos que mienten esporádicamente, pero en cosas muy importantes, y causan una herida a la relación. Hay otros que mienten de una manera natural, pues es su forma de operar y engañan hasta en las cosas más sencillas.

En Salmos 101.7, el salmista dice: «Jamás habitará bajo mi techo nadie que practique el engaño. Jamás prevalecerá en mi presencia nadie que hable con falsedad».

No debemos tolerar la mentira bajo ninguna circunstancia. Esto no significa que la relación tenga que terminar por una mentira, pero sí esa mentira tiene que ser confrontada inmediatamente y hay que observar a la persona si tiene tendencia a mentir. Ninguno de nosotros es lo suficientemente perfecto y seguro como para nunca decir una mentira, pero no debemos aceptar que sean parte regular de nuestra vida y de nuestra relación interpersonal.

Para poder terminar una relación con una persona mentirosa hay que ser honesto y sincero; tenemos que ser sinceros con nosotros mismos; tenemos que decir la verdad y decirla en forma directa.

La peor actitud que podemos tomar es descubrir el repetido engaño y tratar de engañarnos a nosotros mismos pensando que no es tan grave, que la relación puede continuar sin necesidad de confrontar o con la esperanza que la persona va a cambiar. Si ya ha dado las oportunidades apropiadas y la otra persona tiene un problema para vivir en la verdad, debe terminar esa amistad. La sinceridad debe ser el fundamento de toda relación. Cuando aparece el engaño debemos actuar con mucha severidad, y confrontarlo en la primera oportunidad.

Una relación basada en la verdad significa que no vamos a permitir el engaño, pero que tampoco vamos a ser engañadores. Cuando uno actúa realmente como una persona que vive en la luz, generalmente atrae a la gente que anhela la luz. A quienes les encanta vivir en la oscuridad y la mentira no pueden tolerar la verdad que personifica el que vive en la luz. Las tinieblas llegan cuando la luz se apaga, por eso debemos mantenerla constantemente prendida. Debemos hacer todo lo posible por ser personas honestas y sinceras, y si así lo hacemos, y examinamos bien la vida de la otra persona, lo más probable es que debido a la sinceridad de ambos la relación se mantenga saludable. Si descubrimos engaño, lo más probable es que terminemos con la relación interpersonal en forma sincera y honesta; pero si vivimos engañándonos a nosotros mismos o permitiendo el engaño, la relación tarde o temprano se terminará en forma muy dolorosa o seguiremos atrapados en una relación enferma, porque no existe relación sana entre personas que tienen la enfermedad de la mentira.

El engaño que hace una persona produce la destrucción de la confianza y destruye la relación. Ninguna relación basada en el engaño será saludable, y si se mantiene esa relación enferma, no sólo el noviazgo será doloroso y adictivo, sino que cuando lleguen al matrimonio, también este será destructivo.

No asuma el papel de consejero o redentor

Muchos jóvenes permanecen en relaciones no basadas en la verdad e incluso en relaciones destructivas debido a una motivación errónea. Tienen buenas intenciones, pero no serán efectivas y producirán fuertes decepciones. Aunque amemos, no podemos cambiar a quien ha elegido un comportamiento erróneo. Una persona que nos ama y a quien amamos puede ser un instrumento para motivarnos a buscar ayuda, pero nadie debe tratar de ofrecer ayuda sin tener la capacidad de poder hacerlo. Tenemos el deber de amar a la persona con quien nos relacionamos, motivarle a buscar ayuda, animarle a que ame a Dios y tenga cercanía con Él, motivarle a que asista periódicamente a una congregación saludable y que busque ayuda de un líder o un profesional en forma responsable, pero aunque creamos que es lo mejor, nunca debemos asumir el papel de consejero o redentor.

Si buscamos desarrollar una buena relación, lo mejor que podemos hacer es no tener relaciones amorosas con quienes batallan con la mentira, la vagancia, la rebelión o cualquier dependencia. No encontraremos santos con quienes relacionarnos y si alguien dice que lo es, sería mejor mantenerse alejado de tal persona, pero sí podemos encontrar personas sinceras, que tienen virtudes y defectos, que aman a Dios, que respetan a sus familias y que nos respetan a nosotros o aprenden a respetarnos.

Muchos jóvenes permanecen en relaciones no basadas en la verdad e incluso en relaciones destructivas debido a una motivación errónea. Tienen buenas intenciones pero no serán efectivas y producirán fuertes decepciones. Las relaciones amorosas no son las mejores para rehabilitar y restaurar a las personas. Las personas que necesitan restauración y rehabilitación deben buscar asesoramiento profesional. Los amamos pero no estamos capacitados para orientarlos, y lo único que podemos hacer es motivarlos para que busquen ayuda inmediatamente.

Capítulo IX

Reglas necesarias
para proteger el hogar

Aunque nuestros hijos tienen todo el derecho de ser

protegidos y permanecer en el hogar, ellos no son los

encargados de determinar las reglas de uso de las cosas o de

convivencia. Son los padres los que deben tener reglas sabias

que protejan a su familia de toda mala influencia.

Constantemente repito una declaración que escuché hace muchos años, y dice que todo lo que tiene potencial para el éxito también tiene potencial para el fracaso.

Esta declaración también se aplica al extraordinario potencial que tiene el uso de los medios masivos de comunicación. Nuestros hogares pueden ser invadidos por ideas, valores, costumbres y estilos de vida que están totalmente reñidos con los valores que los padres queremos que sean parte de nuestra familia. Por eso, somos los padres los encargados de crear un sistema de protección para nosotros y para nuestros hijos. Así como instalamos alarmas en nuestras casas y automóviles para evitar que nos roben, así debemos establecer un buen sistema de alarma moral para que la diabólica mentalidad liberal no robe la inocencia, los valores y la dignidad de nuestros hijos. Los medios de comunicación utilizados sabiamente bajo la dirección de personas con buen criterio y grandes valores pueden ayudar a lograr el éxito que anhelamos en muchas áreas, pero al ser mal utilizados pueden llevar al fracaso porque no todo su contenido es apropiado.

Entretenerlos para que no queden atrapados en la red

La Internet ofrece cosas tan importantes y también cosas tan apasionantes. Esta red puede servir como un recurso extraordinario, no solamente para el aprendizaje sino también para la diversión y para conectarse con otras personas de una manera tan eficiente como nunca antes habíamos conocido. Sin embargo, como todo en la vida, necesitamos establecer algunas reglas para evitar que lo que puede convertirse en un éxito nos lleve al fracaso.

En todo lo que hacemos en la vida necesitamos equilibrio, necesitamos ponernos límites a nosotros mismos y limitar a otros para no dañarnos, para evitar que nos dañen y para evitar dañar a otras personas. Esto ocurre en la vida conyugal, en las relaciones de noviazgo, en la relación en el trabajo, aun con miembros de una misma congregación. Siempre debemos establecer límites que nos ayuden a mantener el nexo saludable. Lo mismo debe ocurrir con los medios de comunicación. Debemos establecer límites sanos para toda la familia.

Sin duda, los padres deben animar a sus hijos a que utilicen la tecnología. Vivimos en un mundo de grandes desafíos y existe una inmensa necesidad de continuar nuestra preparación; sin embargo, existe buena y mala información y todo debe ser debidamente filtrado por personas con el criterio adecuado.

Involucrarse en la Internet puede ser una de las maneras en que los jóvenes intenten establecer su vida en forma independiente. Quieren ser individuos únicos, con un mundo social alrededor de ellos y que se comunican con otras personas en forma personal y también en forma independiente de sus padres.

Ellos tienen el derecho a tener amigos, así como los padres tienen el mismo derecho. También tienen derecho a tener amigos en común, es decir amigos de los padres y de los hijos, y así como los padres tienen amigos personales, también los hijos tienen esa necesidad, y es justo que los tengan; sin embargo, debemos trazar líneas bien marcadas para que el juego de las relaciones interpersonales se desarrolle sobre la base de reglas apropiadas.

Todo lo que dije anteriormente no elimina la responsabilidad paternal o maternal de involucrarnos con nuestros hijos. Los padres determinamos la participación en actividades que nuestros hijos tengan, los lugares que frecuenten, así como también debemos establecer los parámetros que regirán su participación en el maravilloso mundo de la tecnología.

Tristemente, muchos padres caen en la trampa de dejar a sus hijos encargados de una responsabilidad más grande que la que pueden cumplir. Confían demasiado en sus hijos sin recordar que debido a su inmadurez pueden tomar decisiones equivocadas. Por otro lado, es necesario que los muchachos entiendan que aunque los padres deben controlar algunas cosas en sus vidas, de ninguna manera eso significa que no tengan libertad. La necesidad de control no es exclusiva de los adultos. Nosotros tenemos la libertad de manejar nuestros automóviles, el automóvil viene equipado para alcanzar un alto límite de velocidad, pero nosotros debemos sujetarnos a reglas viales. El hecho de que haya reglas, autoridades y sanciones, no significa que nos están quitando la libertad o que el gobierno no confía en nosotros, sino que las reglas son imprescindibles, incluso para establecer un alto grado de confiabilidad. Lo mismo debe ocurrir en nuestro tránsito por las hermosas, modernas y peligrosas vías de la alta tecnología.

Lo que demandamos debe ser lo mismo que practicamos

Así como demandamos que nuestros hijos tengan sabiduría en su participación con la tecnología, así nosotros debemos modelar las reglas que vamos a demandar. Si demandamos que nuestros hijos no visiten lugares peligrosos o pecaminosos, ni se comuniquen con personas desconocidas por medio de la Internet, los padres debemos sujetarnos a las mismas reglas. Debemos ser modelos dignos de ser imitados.

Involucrarse no sólo significa supervisión

Involucrarse en el mundo de la tecnología que nuestros hijos eligen no sólo significa supervisarlos para evitar que se metan en problemas, sino que es sabio que también, en determinados momentos y de común acuerdo, los padres junto a sus hijos participen de algunas de las actividades que ofrece la Internet. Estas herramientas nos proveen excelente oportunidad para relacionarnos con nuestros hijos pequeños, y aun con nuestros adolescentes. Por supuesto que no todos los padres pueden hacerlo porque no todos saben manejar una computadora. Sin embargo, los padres pueden acompañar a sus hijos pequeños cuando están buscando información, haciendo alguna tarea o teniendo un momento de diversión.

La supervisión es la inspección planificada que debemos realizar. Es la vigilancia permanente, es la fiscalización y comprobación que debemos realizar no sólo cuando estamos cerca de ellos, sino de sus actividades en la red en momentos en que no hemos puesto toda nuestra atención en lo que hacen. Para poder controlar y participar, los padres tienen que tener algo de conocimiento con respecto a la Internet y saber utilizar una computadora, pero si no pueden, deben llegar a un acuerdo con algún hijo adulto y responsable o buscar a alguna persona capacitada entre sus amigos o en su congregación para que les ayude periódicamente a realizar la debida investigación. Las computadoras van registrando un historial que las personas que conocen pueden investigar. Los padres deben tener cuidado pues sus hijos también aprenden a borrar la historia de lugares de la red que han visitado y por eso se necesita la orientación de un técnico especializado. Los padres que no tienen conocimiento computacional, deben invertir en pagar a un técnico que les ayude a tener el control necesario y a realizar la debida fiscalización periódica.

No se vaya al extremo de asumir una postura exagerada, controversial o de ataque a los hijos por estar utilizando la Internet. La idea no es impedir la utilización de una excelente herramienta sino saber controlar su uso. Prohibirles el uso de la tecnología es impedirles utilizar una gran herramienta, obligarlos a buscar una forma de hacerlo en lugares ocultos o en casa de sus amigos y eso producirá rebeldía.

La buena información promueve el progreso

Las personas que buscan más información tienen más posibilidad de progreso. Al utilizar la técnica y la información disponibles, comenzarán a relacionarse con otras personas, aprenderán muchas otras cosas acerca del mundo y podrán tener una inmensa fuente de información que de una u otra manera va a afectar sus decisiones.

La Internet ofrece una gran cantidad de oportunidades para que los adolescentes satisfagan su necesidad de expresarse, y además de experimentar y conocer más acerca de sí mismos y la forma como se relacionan con otras personas, o el grado de conocimiento que tienen.

Lo queramos o no, las computadoras son parte de la vida moderna. Estudiar acerca de ellas es imprescindible. Los adolescentes necesitan sentirse cómodos utilizando las computadoras para poder sobrevivir a los nuevos desafíos que enfrentarán en el futuro, pero no debemos permitirles que crean que es una herramienta que pueden utilizar bajo su sola discreción.

Debemos entender que el adolescente típico, no solamente tendrá la tendencia de que le guste relacionarse con otras personas a través de la red, sino que también muchos de ellos tendrán la tendencia a ser absorbidos por estas nuevas técnicas y pueden terminar creando dependencias. Indudablemente que existe la posibilidad de que los adolescentes se desarrollen, incluso creen una página *web* para la familia, y así poder estar en contacto con otros familiares y amigos en otras partes del mundo o en otras ciudades. Si esta actividad está bien supervisada, y son animados a hacer las cosas correctamente, este desafío de participar en la Internet les guiará a construir nuevas habilidades; algunos quizás aprendan a diseñar páginas, a entrar en el mundo del arte gráfico y también a escribir mejor. Así que no solamente tienen a su disposición la tecnología como medio de diversión y conocimiento, sino que también, utilizándola sabiamente y bajo supervisión, puede estimular su creatividad, ayudarles a superar su gramática y a mejorar su vocabulario y motivarles a una mejor investigación.

El ciberespacio es una nueva frontera de información que está esperando que las personas entren en esta inmensa aventura. Recuerde también que la Internet es una librería inmensa, donde existe una serie de temas y cosas inimaginables y recursos tan grandiosos que llegan más allá de lo que nosotros necesitamos utilizar.

La mala información promueve la destrucción

Los que vivimos en Estados Unidos estamos muy familiarizados con la cantidad de información que llega a la casa a través del correo convencional. La mayor parte de las cartas es correo basura, o lo que se conoce en inglés como *junk mail*. Con sólo mirar el sobre sabemos que no necesitamos ni siquiera abrirlo. Son anuncios e información que debemos botar, pues no son de interés para nosotros ni nuestra familia. Lo mismo ocurre con la Internet. Hay una legión de interesados que quieren captar nuestra atención y crear en nosotros una necesidad u ofrecerse como fuente de nuestra satisfacción.

Hay miles de personas que desean que nuestros hijos y nosotros nos convirtamos en adictos. Quieren tener nuestra voluntad y nuestro tiempo, manejar la satisfacción de nuestros gustos y pasiones y llevarse nuestro dinero. Estos son ladrones que no entran a nuestras casas por puertas o ventanas sino por medio de la tecnología que nosotros instalamos.

En la Internet existe mucha información basura que se envía minuto a minuto. Por eso, los padres y los hijos tienen que ser hábiles para poder evitar ser bombardeados con información que no buscan y que siempre está disponible pero, además, debemos tener sumo cuidado pues existen personas tan adelantadas en el uso de las técnicas que su único trabajo es crear nuevas formas de invadir nuestra privacidad y enviarnos información que apele a nuestras pasiones. Quieren que compremos objetos, diversión, tecnología, mercaderías y pornografía. Viven buscando la oportunidad de enviar información en forma indirecta, aunque no se las haya solicitado.

¿Recuerda lo que dije al principio, que todo lo que tiene potencial para el éxito tiene potencial para el fracaso? Y si nosotros y nuestros hijos no tenemos cuidado podemos caer en el peligro no solamente de convertirnos en adictos a la red, sino también adictos a dependencias muy dañinas y pecaminosas.

En la Internet existe diversión, un constante llamado a ver pornografía, a utilizar drogas, documentos y personas que están enseñando métodos de cómo vivir en violencia o hacer cosas violentas, e incluso entregan información sobre cómo suicidarse. Todo lo bueno y todo lo malo que nos podemos imaginar se encuentra en la Internet.

No entregue el cuidado de sus hijos a un desconocido

Podríamos ilustrar la despreocupación de algunos padres al no supervisar a sus hijos con la siguiente idea. Suponga que un día aparece en su puerta un extraño. Está bien vestido y luce muy inteligente. Le muestra credenciales que le aseguran que tiene maneras extraordinarias de cómo entretener a sus hijos. Suena convincente y les dice: «Señor, señora, ustedes se ven muy cansados y me ofrezco voluntariamente a cuidar a sus hijos durante tres horas al día. Mientras yo los entretengo y tomo de su tiempo y satisfago sus deseos, ustedes pueden descansar o incluso puede salir a pasear o realizar sus compras. Incluso, si quieren, pueden ir a trabajar sus ocho horas y cuando ellos lleguen a casa de la escuela, yo los estaré esperando». ¿Entregarían ustedes el cuidado, el entretenimiento y aun la educación de sus hijos a un extraño? Tristemente es lo que hacen algunos padres.

Ni los televisores ni las computadoras con conexión a la Internet son una buena niñera. Son buenas formas de entretenimiento, información y comunicación, pero para que no causen daño, deben ser utilizadas bajo supervisión.

Por supuesto que ningún padre desea que su hijo comience a ver lo que no están preparados para ver, ni obtengan información que no deben. Ninguna madre normal desea que sus hijos se involucren en actividades sexuales, que mediante una cámara de televisión muestren sus senos a las amigas o los amigos. Ningún padre normal desea que su hijo comience a compartir información sobre sexo o que se comunique con otras personas con un lenguaje soez. Ninguna madre o padre desea que su hija esté «chateando» con un depredador sexual. Ningún padre quiere que su hijo tenga información de cómo construir una bomba o cómo entrar a una escuela y asesinar a sus maestros y amigos, pero sus hijos pueden estar relacionándose con personas que quieren y con otras que no quisieran, pero que por su astucia se han metido en su mundo de información. Los padres no debemos entregar el entretenimiento, la diversión, la educación, y la información de nuestros hijos a las personas que intentan comunicar el bien y el mal a través de los medios de comunicación.

La buena intención puede encontrar un mal intencionado

Muchos jóvenes sólo tienen interés en divertirse y comunicarse y con buena intención inician su viaje por el espacio cibernético. Pero esa buena intención puede encontrar personas con mala intención y el simple deseo de diversión puede transformarse en un encuentro que por lo menos enseñará cosas indebidas o pondrá en peligro su vida emocional o aun su vida física.

Desafortunadamente, muchos adolescentes se involucran sin tener el suficiente criterio y sin conocer mucho acerca del peligro que existe al intervenir sin limites sabios en el lugar llamado *MySpace*. Por la falta de conocimiento y madurez, algunos comienzan a relacionarse con una gran cantidad de personas que ni siquiera conocen ni pueden conocer debido a que es imposible saber si quien está «chateando» está diciendo la verdad. Uno de los errores que cometen los jóvenes es acercarse a las líneas de «chateo» y comenzar a involucrarse con otras personas como si fueran juegos de video o juegos de computadoras. En los juegos de videos están jugando con una persona virtual que no piensa ni tiene malas intenciones. Algunos no se percatan o no dan importancia a la realidad. Se olvidan que al otro lado de la red hay una persona con estrategias, con ideas, con pensamientos, con intenciones desconocidas y que no se trata de un simple robot que nosotros podemos manejar.

En las líneas de «chat» hay personas que sólo se comunican con un lenguaje profano, que hacen inadecuadas demandas sexuales, aunque no comienzan así. Son lo suficientemente astutos como para ir ganándose la confianza lentamente. Tienen la posibilidad de esconderse en el anonimato y por eso no sólo son sutiles, sino también peligrosos.

Una de las mayores motivaciones que tienen los adolescentes para involucrarse en el ciberespacio es que pueden hacer amigos con facilidad; muchos de ellos forman grupos, establecen conexión con desconocidos y comienzan a buscar lugares donde pueden satisfacer su sentido de pertenencia; lugares donde todos conocen su nombre y algo de información y, poco a poco, algunos van dando más información que la que deben.

Cuando se involucran en un grupo de «chateo», generalmente comienzan conversando en forma inocente, enviándose algo de información, hablando acerca de sus intereses; algunos comparten chistes; hablan mal de sus amigos, de sus profesores y hasta de sus padres. También hablan de sus vidas, de sus gustos, de sus frustraciones; otros apoyan a amigos o reciben consejo, y todo eso parece ser una vida real para ellos. Sin embargo, existe el peligro de que se unan a grupos que no tienen el mejor de los intereses; a veces, los adolescentes ni siquiera pueden identificarlos, aunque algunos son claramente identificables.

Algunos grupos tienen tendencias radicales, son cultos satánicos o se meten en extremos en su vida sexual y otras dependencias.

El mundo del ciberespacio puede llegar a ser tan surrealista que se convierte en una inmensa fantasía, y muchos jóvenes no lo toman seriamente, aunque la identificación de emociones, de gustos y el compromiso que van adquiriendo con otros aumentan gradualmente.

He conversado con muchachos que se han sentido deprimidos y muy molestos debido a que el grupo al cual pertenecían, en algún momento, decidió desconectarse de ellos. Los sacaron del grupo, cambiaron su sistema de comunicarse impulsándolos a comenzar a buscar ávidamente otro grupo de pertenencia exponiéndose a mayores peligros.

Indudablemente, también existe oportunidad para tener buenos amigos, pero como todo en la vida, hay que saber seleccionar, y no muchos adolescentes tienen la capacidad de hacerlo.

Debido a los peligros que existen, también tienen la oportunidad de comenzar bien y pueden terminar mal. Creo que los padres debemos hablar francamente con nuestros hijos y preguntarnos constantemente si estamos haciendo lo correcto y aplicando las reglas necesarias para que nuestros hijos utilicen con sabiduría esta herramienta extraordinariamente útil, pero también extraordinariamente peligrosa.

Otro serio peligro que existe es el «sexo cibernético» que presenta una de las atracciones más poderosas para los muchachos. No es una noticia nueva que los adolescentes estén interesados en desarrollar su vida sexual, porque esa es la aventura que ha sido parte de la historia, pero hoy más que nunca los muchachos comienzan a una edad más temprana, y se involucran en cosas más peligrosas debido a los avances de la técnica y la posibilidad de obtener más información de una manera más fácil.

El sexo cibernético es una aventura que aumenta los niveles de emoción y todo ocurre en medio de una serie de cambios hormonales que están experimentando los adolescentes. Muchos de ellos están tratando de desarrollar una identidad como adultos y creen que esta es una buena forma de hacerlo.

Aquellos que practican el cibersexo, o el sexo cibernético, en muchas ocasiones están hablando basura, y hablan de prácticas sexuales que no dignifican la vida humana. Hablan de lo que están haciendo con una chica o con un muchacho. Algunos deciden contar sus experiencias y cómo se sienten. Algunos comienzan a mostrar sus partes íntimas porque sienten que hay cierto nivel de seguridad. He ayudado a chicas y a muchachos que se han involucrado en estas cosas y sus padres los han descubierto. Generalmente comunican que piensan que existe más seguridad porque no pueden ser tocados, pero eso no significa que no puedan ser dañados al adquirir una adicción a las conversaciones sobre prácticas sexuales que les conducen a buscar pornografía, que les conduce a tratar de excitarse y masturbarse y que impide que desarrollen la sexualidad.

A veces intercambian fotos de chicas o de muchachos, o fotos que obtienen de la Internet. Los cristianos no sólo creemos que las relaciones sexuales antes del matrimonio son pecaminosas sino también que otras incursiones en la vida sexual como la pornografía y las conversaciones con la intención de excitarse o excitar a otro son también condenadas por la Biblia. El hecho de que los muchachos quieran o sientan la presión de entrar de cualquier manera en la vida sexual no significa que nosotros como padres vamos a abrirles las puertas para que lo hagan.

Aunque una señorita intente simplemente divertirse, puede estar relacionándose con un experto manipulador que incluso puede mandar fotos simulando ser un atractivo muchacho. Esa señorita puede estar relacionándose con un depravado sexual. Los depredadores abundan y conocen técnicas que la mayoría de nosotros no conoce.

Aun en aquellos lugares que tienen mayor supervisión es difícil que todos los depredadores puedan ser identificados.

Nuestros hijos deben entender que en los juegos de videos se divierten con una persona virtual que no piensa ni tiene malas intenciones. Pero en la Internet se relacionan con mentes inteligentes que pueden querer una simple comunicación, pero también existen otros que tienen estrategias, ideas, pensamientos y aun la intención de hacer el mal que no es fácil detectar y que ellos no pueden manejar.

Una buena intención que puede producir adicción

Existen algunas señales que demuestran el excesivo uso de la computadora o la Internet. Algunos jóvenes pasan largas horas «chateando» al punto de descuidar su vida deportiva o sus relaciones interpersonales. Otros han bajado su rendimiento escolar y otros se ponen irritables y tienen actitudes irrespetuosas y rebeldes cuando sus padres quieren limitar su tiempo en la red. Si la voluntad de un adolescente está siendo gobernada por esa pasión y necesidad de permanecer por largas horas en la red, se disgustará cuando quieran limitarlo. La buena intención llevó a una adicción o va camino a ella cuando el hijo se rebela cada vez que es confrontado.

Muchos jóvenes seguirán siendo usuarios regulares y activos, pero algunos se convertirán en adictos. Debido a que no supieron poner límites a su buena intención, esa práctica la convirtieron en una adicción dominante.

Algunas personas cambian sus hábitos de dormir. Se quedan hasta altas horas de la noche «chateando» y luego se levantan tarde o tienen problemas para cumplir sus obligaciones escolares. Otros presentan constante fatiga porque no duermen las horas necesarias.

Algunos hijos engañan a sus padres haciéndoles creer que están haciendo sus deberes y buscando información en la red, pero la verdad es que la red los tiene atrapados. Algunos padres dejan que sus hijos utilicen libremente la red o permiten que visiten regularmente a amigos cuyos padres no tienen control del uso de esta tecnología.

Muchos jóvenes seguirán siendo usuarios regulares y activos de la Internet, pero algunos se convertirán en adictos. Debido a que no supieron poner límites a sus buenas intenciones, y porque sus padres no pusieron reglas sabias ni les dieron dirección, pueden quedar atrapados en una adicción dominante.

Privacidad versus vida secreta

Los hijos deben distinguir entre tener privacidad y vivir una vida secreta. Lo mismo ocurre con su participación en la Internet o con la selección de canales de televisión de cable. Tienen derecho a ver sus programas preferidos y tienen derecho a «chatear» con amigos, pero no tienen derecho a vivir vidas ocultas. El control no elimina la privacidad. Un profesor tiene derecho a tener conversaciones privadas con sus alumnas, pero no tiene derecho a vivir una vida de relaciones ocultas. Los jóvenes tienen derecho a tener conversaciones privadas en su teléfono celular, pero no tienen derecho a conversar ocultamente con un vendedor de marihuana o utilizar el teléfono que le asignan sus padres para realizar llamadas prohibidas. No invaden la privacidad los padres que debido a actitudes sospechosas determinan investigar si sus hijos están haciendo lo correcto.

Creo que los padres que no tienen capacidad de controlar o que no quieren invertir dinero para que alguien periódicamente revise la actividad de sus hijos en la red, no deben permitir la Internet en sus hogares o dejar que tengan acceso a *MySpace.com* u otros sitios semejantes.

Solamente si usted puede cumplir las indicaciones anteriores debe permitirles tener una lista de amigos y supervisar el tiempo y las personas con quienes se comunican regularmente.

Los padres deben hablar con sus hijos acerca de las personas con quienes «chatean» y sobre los sitios que visitan. No deben hacerlo de una forma negativa sino conversando, haciéndoles preguntas sobre los sitios que les interesan o que han visitado últimamente y luego tendrán que investigar para determinar si les han dicho la verdad.

Pregúnteles acerca de sus amigos cibernéticos y también de qué hablan. No lo haga a modo de interrogatorio destructivo, sino mostrando interés y a la vez haciéndoles conocer que usted siempre va a supervisar su participación en la red.

Fije reglas para que no exista anarquía

La anarquía es el desgobierno; es la falta de organización, de reglamentación y de autoridad que produce libertinaje y desconcierto y que abre las puertas para la ilegalidad. Los padres deben establecer las reglas y los hijos deben respetarlas. A continuación algunas sugerencias:

1. Establezca la debida reglamentación. Las reglas favorecen el orden y la regulación en el uso de las cosas y permiten tener un sistema de evaluación para determinar cuando se ha hecho lo correcto o lo incorrecto. Las reglas deben ser claras, justas, medibles y alcanzables. Debemos reglamentar el cómo, el cuándo, el dónde, por cuánto tiempo y en qué lugar nuestros hijos podrán utilizar la computadora, participar en la Internet o en juegos de video, o dedicar tiempo para ver televisión.

Estas reglas tienen que crearse con sabiduría, comunicarse con claridad, y llegar a un compromiso de cumplimiento lo antes posible.

2. No entregue el control a quienes aun no tienen control. Si los adultos tenemos problemas para manejar nuestra privacidad y controlar nuestras pasiones cuando estamos solos, cuánto más los jóvenes. Por eso creo que los padres no deben permitir que sus hijos tengan un televisor con cable en su dormitorio. Ustedes no saben lo que ellos hacen cuando ustedes duermen y si les abren las puertas para que se oculten será difícil para ellos manejar esa privacidad. Los filtros o los sistemas de entrada a canales o a la Internet por medio de una clave no son siempre seguros.

No ubique la computadora en el dormitorio o en áreas donde sea fácil ocultarse. Ubíquela en un lugar visible, donde el acceso sea fácil y donde usted pueda supervisar. Entregar privacidad a nuestros hijos cuando no están capacitados para manejar estos sistemas de comunicación tan peligrosos es correr un alto riesgo. Trate de ubicar la pantalla de tal forma que sea visible y que no tengan oportunidad de cambiar lo que están haciendo sin que usted se dé cuenta.

Establezca horarios razonables; no deje a sus hijos la libertad de escoger los horarios, o si les permite escoger determinados horarios, que elijan un horario cuando usted esté en casa. Limite la cantidad de tiempo en que ellos pueden usar los juegos, la computadora, así como ver programas de televisión. Los horarios y la autorización para divertirse viendo televisión o utilizando la Internet proveen de una excelente herramienta de negociación. Algunos padres autorizan su uso solamente si sus hijos demuestran que han cumplido con sus deberes escolares y si tienen su cuarto ordenado o si ayudan en algo en la rutina diaria del hogar.

También debe establecer reglas acerca de la programación que pueden ver en televisión y los juegos de video que utilizan. Por cierto, cumplir esta labor requiere de mucho tiempo y esfuerzo, por eso muchos evitan hacerlo. Tendrá que dedicar tiempo a examinar los juegos de videos y averiguar acerca de las películas que ellos quieren ver.

Es necesario que establezca sistemas de control y de fiscalización para que periódicamente se asegure que sus hijos están haciendo lo que dicen. Existen programas que pueden ayudarle para controlar las actividades de sus hijos y su historia de usar la computadora. Otros programas le permiten obtener la información de todos los sitios que visitan y bloquear el acceso a sitios o programas prohibidos. Incluso hay programas que pueden ayudarle a limitar el tiempo que pueden utilizar las computadoras, pero recuerde que los programas tampoco son perfectos;

se necesita siempre la supervisión de los padres, y no olvide que los adolescentes aprenden muchas habilidades técnicas y que a veces se aprovechan de su inteligencia para sortear todos estos controles.

3. Determine las consecuencias de los actos de desobediencia. Así como ha establecido las condiciones, las formas, los lugares, también debe determinar claramente cuales serán las consecuencias por la desobediencia a las reglas establecidas. Si usted no va a supervisar directamente o si desea que haya otras personas que controlen, debería nombrar a alguien que le ayude a vigilar el cumplimiento de los reglamentos.

Establezca consecuencias firmes. Luche con la tendencia a suavizarlas o no aplicarlas. Refuércelas consistentemente. No cambie debido a las emociones que experimenta. Sea consistente en su aplicación, aunque haya momentos en que no tenga deseos de hacerlo. Revíselas periódicamente. Los hijos van creciendo, las circunstancias van cambiando por lo que debemos mantener una evaluación constante.

Observe muy bien cuando los límites han sido traspasados y confronte a sus hijos. Converse con ellos acerca del proceso que vivirán, cómo irá aumentando la gravedad de las consecuencias hasta que llegue la sanción más drástica que puede ser quitar indefinidamente el permiso de uso de los aparatos o la remoción de los canales de cable o la Internet. Recuerde que esas son las medidas más drásticas en todo el proceso disciplinario. Así como la disciplina física de los niños es el último paso, y debe utilizarse en muy raras ocasiones y con mucha sabiduría, así también es la determinación de eliminar la red y los canales de cable. Antes de que llegue a la medida más drástica, los hijos ya deberían estar enterados de cómo ha ido avanzando el proceso disciplinario pues las reglas, el proceso, las autoridades y las consecuencias ya deberían conocerse.

Los jóvenes deben entender que aunque los padres
mantengan un sistema de control no están eliminando
su libertad. Los adultos no podemos manejar nuestros
automóviles a cualquier velocidad. Al establecer reglas y
sanciones, el gobierno no está diciendo que no confía en
nosotros sino que desea regular el tránsito. Al sujetarnos y
obedecer a la autoridad no estamos perdiendo la libertad.
Las reglas son imprescindibles y sirven de guía, incluso para
establecer un alto grado de confianza. Por eso, quienes han
conducido de acuerdo con las reglas establecidas reciben
cada cierto número de años por correo y sin necesidad de
un nuevo examen sus licencias renovadas. Lo mismo debe
ocurrir en nuestro tránsito por las hermosas, modernas y
peligrosas vías de la alta tecnología. Deben existir reglas, las
debidas sanciones y un sabio control de la autoridad, lo que
de ninguna manera significa la pérdida de nuestra libertad.

Historias que demuestran las consecuencias

Me encanta leer biografías. Las siguientes historias no sólo son reveladoras sino también importantes para entender las hermosas consecuencias de vidas temerosas de Dios y vividas con excelencia, también los terribles resultados de las vidas dominadas por el pecado. Preste atención a estas biografías presentadas en contraste:

El padre de Jonathan Edwards fue un ministro del evangelio en el siglo XVIII. Su madre fue igualmente hija de ministro. Entre sus descendientes hubo un vicepresidente de Estados Unidos, el señor Aaron

Burr, quince rectores de universidades, entre ellos Timothy Dwight, Jonathan Edwards, Jr. y Merrill Edwards Gates. Hubo, además, más de cien catedráticos universitarios, más de cien abogados, treinta jueces, sesenta médicos, más de cien ministros del evangelio, misioneros y profesores de teología, y unos sesenta escritores de buenos libros. Casi no hay ninguna industria importante en Estados Unidos que no haya tenido a alguien de esta familia como uno de sus principales promotores. Es una hermosa historia de una familia cristiana cuyos descendientes disfrutaron las consecuencias de vidas comprometidas con la excelencia y esos sucesores mantuvieron los mismos valores.

El contraste lo presenta la familia Jukes. Los padres vivieron vidas indisciplinadas que motivaron a sus descendientes a no vivir responsablemente. Dicen que le costaron al estado de Nueva York más de un millón de dólares. Sus descendientes tienen un historial de pobreza extrema y crimen, locura e inmoralidad. Entre sus 1200 descendientes conocidos, han vivido más de 300 mendigos profesionales, 440 se destruyeron físicamente debido a su propia maldad, 60 eran ladrones habituales, 130 fueron criminales convictos, 55 eligieron el incesto o la prostitución. Sólo veinte aprendieron un oficio, y diez de ellos lo aprendieron en la cárcel. En esta familia hubo siete asesinos.

Si usted quiere saber cuál fue la diferencia radical entre estas dos familias, que se criaron en el mismo vecindario y asistieron a las mismas escuelas, puedo asegurarle que fue la determinación del señor Jonathan Edwards de vivir una vida comprometida con la más alta moralidad y con los principios cristianos y sometida a sus más altas convicciones.

Él fue pastor, teólogo y misionero a los nativos americanos y reconocido como uno de los más profundos teólogos evangélicos americanos. Jonathan Edwards dijo: «Fue decretado que el hombre viva para la gloria de Dios. He determinado vivir para ella sea que otros lo hagan o no». Vivió para la gloria de Dios y no para la satisfacción de sus pasiones personales. Así lo demuestra en las setenta determinaciones que escribió, entre las cuales figura la numero cuarenta y cuatro que dice: «Resuelvo que solamente mi religión tendrá influencia en todas mis acciones…» Él vivió para la gloria de Dios. Si lee sus determinaciones (escríbame a David@dehogar.org si desea obtenerlas) notará que él prefirió controlar sus pasiones, luchar contra sus tendencias pecaminosas, respetar la dignidad de las personas, no permitir que su naturaleza pecaminosa lo dominara y que su vida estuviera basada en las convicciones de la religión que con fe y dedicación practicaba.[5]

Debido a que creo que fuimos creados por Dios para vivir para su gloria, debido a que creo que vivimos para la gloria de Dios cuando vivimos conforme al propósito para el cual Él nos creó, debido a que creo que vivimos cumpliendo el propósito divino cuando practicamos los más altos valores cristianos tal como son revelados en la Biblia, debido a que la Biblia me asegura que quienes viven cumpliendo la voluntad de Dios disfrutarán de una vida de excelencia y debido a que la historia de la familia Edwards y millones de familias cristianas certifican que vivir en obediencia produce maravillosas consecuencias; debido a todo esto, animo a los padres e hijos que han leído este libro, producto de una seria investigación y de lo más profundo de mi corazón, a que lleguen a acuerdos sabios y tomen juntos una serie de determinaciones que les permitan vivir para la gloria de Dios, para el provecho personal y para el respeto de sus familias y la dignidad humana. Creo que los padres que como Jonathan Edwards determinan vivir para la gloria de Dios serán padres buenos en un mundo malo y que los hijos que determinen lo mismo, no sólo disfrutarán de los beneficios de su obediencia, sino que un día sus hijos les agradecerán por ser padres buenos en un mundo malo.

Conclusión

Sin duda, estamos viviendo uno de los momentos más impresionantes de la historia, tiempos en que debido a los avances en la técnica y el mayor conocimiento que tenemos de los seres humanos, debería ser más fácil que nunca criar a nuestros hijos y establecer relaciones familiares saludables, pero la práctica nos indica que hoy es más difícil que nunca relacionarse de una manera sabia y constructiva. Estoy seguro que si aplica los principios enseñados en este libro tendrá herramientas muy útiles para poder preparar el terreno para el éxito en sus relaciones con sus hijos.

De diversas maneras, la tecnología ha hecho nuestra vida mucho más sencilla, y tenemos más acceso a información de cualquier calidad y cantidad; esto nos permite tener un potencial maravilloso para poder instruirnos sabiamente, adquirir el conocimiento necesario para ser buenos padres que hacen serios esfuerzos para orientar a sus adolescentes con sabiduría. Sin embargo, a pesar de que la información buena está disponible, también está disponible la mala o, así como están disponibles los principios saludables, también hay antivalores que están llenos de maldad, y es muy fácil que nuestros hijos, y aun nosotros los padres, nos desviemos de la verdad.

Lo ocupado que es nuestro viaje por la carretera de la vida y la información abundante están cambiando toda nuestra cultura. Esto nos impresiona, y a la vez nos atemoriza. Los valores y los estándares morales que los padres solíamos transmitir a nuestros hijos, aun sin darnos cuenta, hoy en día prácticamente son anulados o disminuidos por la gran cantidad de información errónea que aparece, y por la falta de interés de muchos padres de entrenar a los hijos con principios sanos para la vida.

Los valores absolutos, aquellos principios que rigen la vida basados en una moralidad que no comienza con las ideas de los hombres sino que están basados en los valores divinos, y que al ser aplicados por los humanos les permiten vivir conforme al diseño divino, están siendo cada vez más ignorados por nuestra sociedad. Se impone la presión cultural y los valores relativos, y no solamente los jóvenes, sino también los niños tienen acceso a información y a una presión constante. Incluso los hijos bien intencionados siguen siendo bombardeados constantemente por todas las mentiras que presenta la sociedad moderna.

Si usted ha leído mis libros se habrá dado cuenta de que es mi costumbre crear principios para la vida; muchos de ellos son el resultado de mi constante investigación y también de la lectura asimilada de otros grandes pensadores.

He desarrollado la capacidad de crear principios, especialmente aquellos que tienen un apoyo en los valores que se enseñan en la Biblia; que dicho sea de paso, es mi única regla de fe y conducta.

La mayoría de los padres hemos tenido que ser buenos guardianes de la integridad física de nuestros hijos. Nos hemos preocupado de que no pasen frío, de que no sufran hambre, de que no busquen enfrentar el peligro sin la preparación apropiada, y de que no practiquen deportes sin el debido entrenamiento. Cuando fuimos a pescar, tuvimos cuidado de que nuestros hijos no intentaran mantenerse en equilibrio por sí mismos cuando estaban parados en una roca. Como aun no tenían la suficiente capacidad para mantener su cuerpo en equilibrio era nuestra tarea socorrerlos. En otras oportunidades tuvimos que obligarles a usar alguna forma de protección contra golpes, especialmente cuando practicaban deportes extremos. Mi papel como padre y el de mi esposa como madre, ha sido mantenernos siempre en estado de alerta y preactivos. Nuestra práctica era anticipar el peligro o su mal comportamiento. Tristemente, existen padres que se despreocupan de esto. Cuando ellos y sus hijos están en lugares públicos los dejan andar corriendo sin supervisión y por ello tienen accidentes, pelean con otros niños, crean desorden y molestan a las personas que los observan. Así como existen padres que se despreocupan de la seguridad física de sus hijos y no están pendientes de su mal comportamiento, así también existen padres que no supervisan las decisiones morales de sus hijos ni las costumbres que tienen. Las consecuencias son siempre lamentables.

Es obvio que al enfrentar la vida, nuestros hijos tomarán decisiones incorrectas y es nuestro deber, lo quieran o no, enseñarles principios importantes para enfrentar la vida con sabiduría. Los padres debemos tomar la iniciativa, estar pendientes de su proceso de desarrollo, de los obstáculos que enfrentan y de los conflictos y necesidades que experimentan. Hijos y padres deben entender que nuestra responsabilidad no es simplemente suplir para sus necesidades económicas, sino también entrenar a nuestros hijos para la vida. Es cierto, nosotros no podemos criar hijos buenos, pues tanto ellos como nosotros tenemos una naturaleza pecaminosa y, a pesar de las buenas enseñanzas, ellos pueden elegir la maldad. Sin embargo, nosotros no seremos responsables de sus malas decisiones si les hemos entregado los principios y valores que les dan un arsenal de recursos que podrán utilizar a voluntad para realizar buenas determinaciones. Por eso, nuestro papel no es criar hijos buenos en medio de la maldad que existe en el mundo, sino hacer todo esfuerzo por ser padres buenos en un mundo malo.

Libros de consulta

Dr. Henry Cloud y Dr. John Townsend, *Límites en el noviazgo* (Grand Rapids: Vida, 2003)

Dr. Henry Cloud y Dr. John Townsend, *Raising Great Kids*, (Grand Rapids: Zondervan, 2001).

Dr. James Dobson, *Complete Marriage and Family Home Reference Guide* (Wheaton, IL: Tyndale, 2000).

Clifford y Joyce Penner, *The Gift of Sex* (Nashville: Thomas Nelson, 2003).

Tim Smith, *Almost Cool* (Chicago: Moody, 1997).

Walter Trobisch, *The Complete Works of Walter Trobisch* (Downers Grove, IL: Intervarsity Press, 1987).

Notas

1. "Early Spirituality Deters Alcohol Abuse", de la página Web About.com, http://alcoholism.about.com/library/weekly/aa000828a.htm, que cita "Strong religious beliefs may stem substance use, abuse" de Reuters Health eLine, 23 agosto 2000.

2. Lisa Miller, Ph.D, "Religiosity and Substance Use and Abuse Among Adolescents in the National Comorbidity Survey", *Journal of the American Academy of Child & Adolescent Psychiatry* 39(9):1190-1197, septiembre 2000.

3. Ibid.

4. *Penn State News*, "Teens Prefer Talking To Mom About Drug Use Topics", 27 enero 2003, http://www.psu.edu/ur/2003/teenmomsdrugtalk.html. Para el estudio completo, ver Michelle A. Miller-Day, "Parent-Adolescent Communication about Alcohol, Tobacco, and Other Drug Use", *Journal of Adolescent Research* 17(2002):604-616.

5. De la página Web Internet Christian Library http://www.iclnet.org/pub/resources/text/ipb-e/epl-10/web/edwards-resolutions.html

Acerca del autor

El Dr. David Hormachea, de origen chileno, realizó sus estudios teológicos y en asesoramiento familiar en Estados Unidos. Es presidente y conferenciante de la corporación de ayuda a la familia De Regreso al Hogar, por medio de la cual produce programas de radio y televisión, escribe libros y produce series audiovisuales, como *El sexo: ¿Cuerpos o corazones íntimos?* y otras. También es productor de los programas *Vivencias* y *Uno más uno*, que se escuchan en cientos de emisoras de radio en América Latina, España y Estados Unidos. También produce el programa internacional de radio conocido como *Visión para vivir*. David dicta conferencias internacionales sobre temas relacionados con la familia. También ha sido autor de varios éxitos de librería, entre los cuales están *Una puerta llamada divorcio* y *Cartas a mi amiga maltratada*. Este último fue finalista al premio Gold Medallion que auspicia la Evangelical Christian Publishers Association.

Descubra satisfacción duradera en su matrimonio

TESOROS de INTIMIDAD

DAVID HORMACHEA

ISBN-13: 978-088113-829-0

SEXUALIDAD con PROPÓSITO

DAVID HORMACHEA

ISBN-13: 978-088113-899-3

GRUPO NELSON
Desde 1798
gruponelson.com

Printed in the United States
154761LV00003B/1/P